読みなおす日本史

地理から見た信長・秀吉・家康の戦略

足利健亮

吉川弘文館

目次

信長編

第一章 濃尾の覇者となる—地形と戦略

岐阜金華山

金華山はみごとな山である。もともとは因幡山、稲葉山と呼んだ。稲葉山の名はいまも通用する。標高三二九メートルの秀麗なこの独立峰は、濃尾平野の北を限る低い山並みから一歩南へ踏み出した位置を占め、広大な平野全体を一望のもとにおさめる（第1図）。逆に言えば金華山は、濃尾平野のどこからでもよく見える。時には、にらむように周囲を見下ろしている感じを抱かせたに違いない。この山のみごとさは、そのことにある。

織田信長がこの山を取ってやろうと考えたのが、いつのことだったかはわからない。しかし、濃尾平野に生まれて天下をねらうほどの野心家ならば誰でもきっと、この山を意識したその瞬間に、まずここから濃尾全体に号令することを思い描いたのではなかろうか。よく晴れた日に濃尾平野を走り抜ける新幹線の車窓から金華山を望見するといつも、筆者にはそう思われるのである。

那古野城に生まれる

信長は天文三年（一五三四）、那古野城で生まれたと言われる。那古野城は、のちの名古屋城の三の丸にあたるという。しかし勝幡《しょばた》城で生まれたとする説もある。勝幡は、現在の愛知県海部郡佐織町にある。ただしその城跡は日光川の流路変化で、隣町の中島郡平和町内になってしまった。名古屋城の西一五キロメートルほどのところである。このように、誕生の地が那古野城とも勝幡城とも言われるのは、どうしてか。

勝幡城は、信長の父、織田弾正忠信秀の居城であった。信秀は尾張国守護代の織田大和守達勝の家臣（三奉行の一人）で、大和守は尾張国下四郡、すなわち海東、海西、愛知、知多を下知して清洲（清須）城に拠っていた。下四郡とは京都から遠い各郡を意味するというが、東海道ルートから見れば必ずしもそうとは言えないから、むしろ尾張南半と言うほうが地理的には正しい。これに対して尾張北半の丹羽、羽栗、中島、春日井の上四郡は、岩倉に拠る織田伊勢守信安のもとに属した。伊勢守信安一統と大和守達勝一統とは、同じ織田家の系譜に属するが、当時尾張の覇権をめぐって競い合っていた。

『信長公記《しんちょうこうき》』によると、「或る時」信秀は那古野に城を築き、嫡男吉法師《きつぼうし》（信長）に宿老林新五郎、平手中務丞らを付けて居城させることとした。「或る時」とは、信長の生まれた天文三年とするのが通説であるが、ともかくこのような経緯《いきさつ》で、信長の生地を父の居城勝幡と見る説、新城那古野と見る説の二つが並び立つことになったのである。

尾張統一

信秀は天文二〇年（一五五一）、はやりの悪病で四二歳の生涯を閉じ、信長は一八歳の若さで家督を継ぐことになった。父の葬儀に際しての破天荒な振舞いに、「あれこそ国は持つ人よ」と筑紫の客僧が喝破したと『信長公記』が伝える、信長の覇王への歩みが、ここから始まる。かいつまんで経過を追うことにしよう。

天文二三年七月、尾張守護斯波義統《よしむね》が守護代織田信友らに殺害された。この事件を名分として、翌天文二四年（弘治元年）四月、信長は清洲城を攻略し、信友を倒して清洲織田氏を滅亡させ、居城を那古野から清洲に移す。信長が北へ進む第一歩であった。

その後、末盛城にあって反旗をひるがえした弟信行を殺し（弘治三年＝一五五七）、美濃稲葉山城の斎藤義竜と謀って清洲城奪取をくわだてた庶兄信広を降《くだ》して、尾張国南部の下四郡を制圧する。さらに、永禄二年（一五五九）には、これまた斎藤義竜と相謀って敵対してきた織田家嫡流の岩倉城主織田信賢を破って、尾張の統一を果たしたのである。この年二月、信長は上洛して、将軍義輝に謁見（『言継卿記』）、このとき尾張守護職に任ぜられた可能性がある。ともあれ、こうした経過の中に、美濃攻めの伏線ないし理由と、天下取りへの布石《ふせき》が垣間見えているのが興味深い。

美濃攻めの構想

翌永禄三年（一五六〇）は、信長にとって最大の危機の年であった。東方の大敵今川義元が「天下」

をめざして動き始めたからである。しかし、周知のとおり、ここは桶狭間奇襲作戦のアイディアでもって、あざやかにピンチを切り抜けた。いよいよ美濃攻めを日程に乗せる条件が整ったのである。永禄六年三月、信長の娘と松平元康（家康）の嫡子信康との婚約が成った。こういう手を打ちつつ、徐々に信長・家康の同盟関係が固められ、信長は美濃攻めに専心できることとなる。

『武功夜話拾遺』巻二の「小牧山新城の事」によれば、これより先、信長は、小牧山の北二〇町ばかりにあった「大久地（於久地城）惣責め」を行なってこれを落とし、ついで永禄五年暮れから翌六年にかけて小牧山城造作を終え城下も整えた。そして同六年八月に「清須より御家中小牧の地に移し置かれますする旨御触れ」を出したという。どうやら、桶狭間ののちほどなくから、まず東南方向よりの稲葉山攻略が構想されていたらしく、家康との間が整うのにつれて構想の実行にかかったということであろう。

翌永禄七年犬山を取り、対岸の「宇留摩」（鵜沼《うぬま》）、「猿はみ」の両城を落とし、佐藤紀伊守・右近右衛門父子が味方として在城していた「加治田」を足掛かりに「堂洞」砦を落とした。この功績によって右近右衛門に美濃三郡の反銭・夫銭徴収が許されたのが永禄八年七月である。

いわばかなりやすやすと信長は稲葉山城の南東から東の面を包囲したのだが、それだけでは美濃は落ちなかった。永禄九年八月二八日に木曽川を渡って出陣した信長は、洪水のためもあって閏八月八日未明、斎藤竜興軍に大敗したと伝える。つまり、墨俣《すのまた》城構築を待たねば美濃は落としきれなかったのである。ではいったい、墨俣城にはどんな意味があったのだろうか。

墨俣の原風景

墨俣は濃尾平野第一の戦略拠点であった。濃尾平野の北の奥深い山地から流れ下ってきた水量豊かな大河のすべてが、ここで合流していたのである。

このことについて、古い時代のものであるがきわめて重要な史料を二つ紹介・検討しておきたい。一つは奈良時代の神護景雲三年（七六九）のこと。尾張国から次のような上申があった。

此の国（尾張）と美濃国の境に鵜沼川《うぬま》がある。今年大洪水があって、その流れが道を没し、毎日、葉栗・中嶋・海部三郡の百姓の田宅を侵し損なった。（尾張の）国府や国分二寺も下流にあり、もし（そのままにして）年歳をへれば（それらも）漂損させるだろう。そこで、解工使を遣わして開掘し、旧河道を復活させることを望み請う。

鵜沼川とは木曽川のことである。木曽川が峡谷を抜けて濃尾平野に出てきたその谷口が鵜沼という地名だったので、そこより下流は当時鵜沼川と呼ばれていたのである。多くの川の名はこのように付けられてきた。そして、当時の鵜沼川はいまの各務原市前渡、小佐野、岐南町平島（旧葉栗郡）、岐阜市芋島をへて、その名のとおりの「境川」筋を流れて、羽島市小熊すなわち墨俣付近で他の諸河川に合流していた天正年間以前の流路（『岐阜県治水史』、『角川日本地名大辞典岐阜県』）にかなり近いものであったと想定して大きくは誤らないと思われる。その流路の南になる今日の岐阜県羽島市域は、

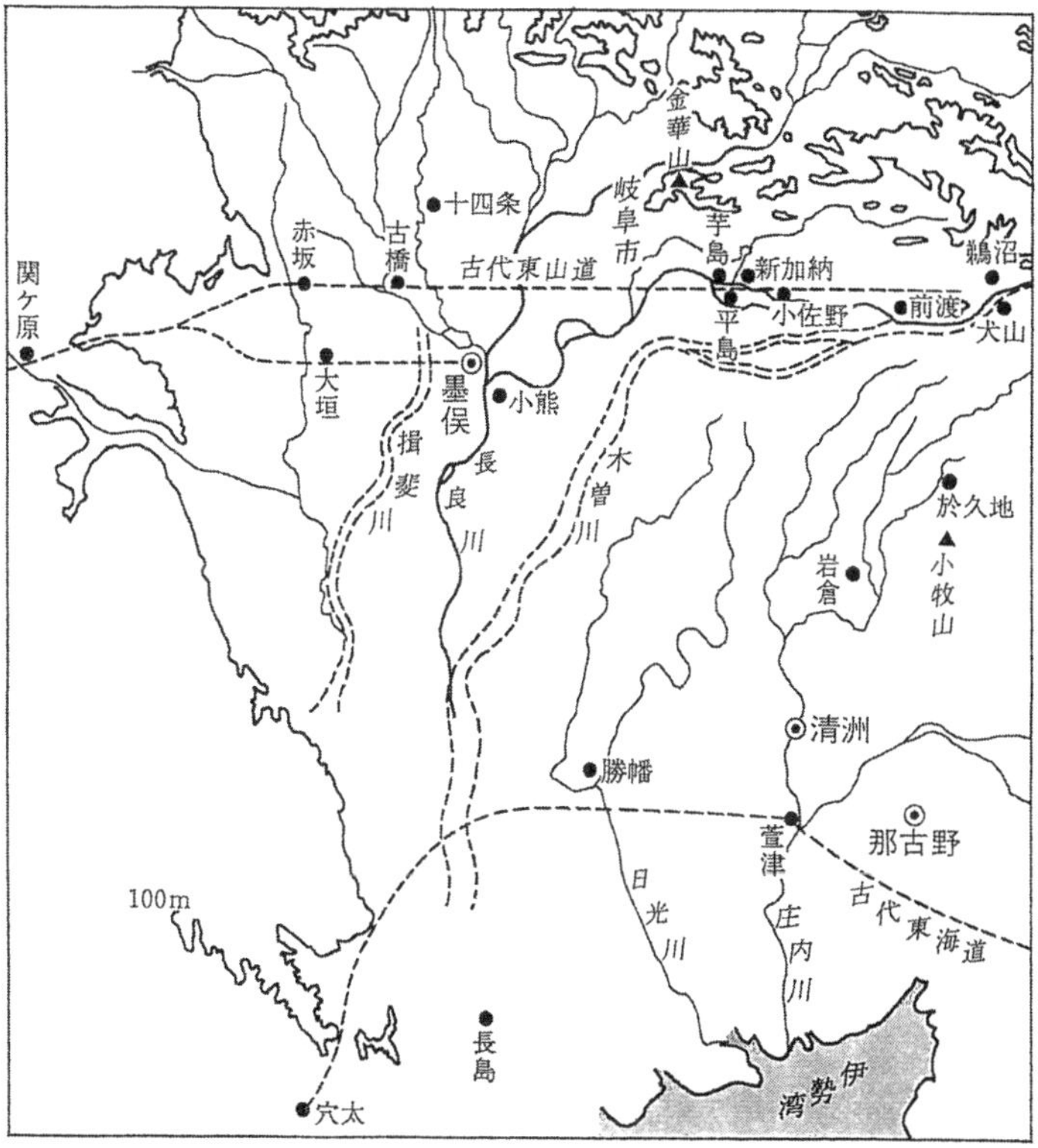
金華山
岐阜市
十四条
赤坂
古橋
古代東山道
芋島
新加納
鵜沼
関ケ原
平島
小佐野
前渡
犬山
大垣
墨俣
小熊
揖斐川
長良川
木曽川
於久地
岩倉
小牧山
清洲
勝幡
萱津
那古野
100m
日光川
庄内川
古代東海道
長島
穴太
伊勢湾

第１図　墨俣の重要性

古来尾張国葉栗郡であった。第1図に示すとおりである。

ところが、洪水で流れが変わり尾張西部三郡を貫くようになった。いまの稲沢市にあった国府や国分寺さえ危険になるという話なので、日光川の流れに近いものになったのではないかと思う。しかし、結果は、洪水前の河道にもどす工事が認められ、以後も洪水と旧流路の回復が何度かくり返されたようであるが、大筋としては天正一四年（一五八六）の大洪水で笠松町から南南西に折れる現河道に変わるまで、墨俣で合流する古来の河道が保たれたのである。変化したのは信長の死後のことであり、信長の時代には、木曽川はまちがいなく墨俣まで流れ、そこで、長良川はもちろん、揖斐川とさえも合流していた。墨俣という地名は、『信長公記』では「洲俣」と書き、『武功夜話』では「州俣」と記す。まさしく幾本もの川が一カ所で合流して一本になる熊手状のありようのその結び目にあたることを明示した地名にほかならない。

水陸交通の要衝

もう一つの古代史料を見ておかなければならない。それは平安時代の承和二年（八三五）のこと。美濃から尾張を縦断して常陸に向かう東山・東海の要路を遮る、広大で橋を架けるのがむずかしい大河の渡河点に渡船を加増する措置がとられた。濃尾平野の川では、「尾張美濃両国堺墨俣河四艘（元二艘。今二艘を加える）、尾張国草津渡《かやつの》三艘（元一艘。今二艘を加える）」というふうにあげられている。ついでに言えば、参河国の矢作川と飽海川（豊川）も各二艘加増されて、それぞれ四艘になった。

墨俣川というのは、諸河川が合流して一本になった地点、すなわち墨俣から下流の大河の名にほかならない。その渡河点はどこかと言うと、それは合流点の墨俣そのものと考えざるをえないのである。なぜなら、この措置は「東山・東海の」要路にかかわるものであったが、事業内容を見ると墨俣川渡河点以外はすべて東海道上のことなので、墨俣川渡河点はどうしても東山道あるいは東山・東海連路に関するところにないと記録に合わないことになるからである。

草津の渡は、今日、名古屋市北西郊外の甚目寺町萱津にその名を残す。庄内川の渡河点であった。萱津から真西に向かい津島市付近を通って伊勢国桑名郡北部に渡るルートが、古代東海道である。これに対し、不破の関（関ケ原町）から大垣市北部の赤坂、岐阜市を通り、各務原に至るルートが古代東山道であると推定される。道筋を第1図に記したとおり、墨俣は東海・東山両道を結ぶ——しかもたくさんの川を渡ることなく、それらを一本に集めた位置で渡ればすむように設けられた古来最要のポイントであった。承和二年には、当時の行旅の難渋者を救済する施設である布施屋二処が、渡河点の両岸に国営のものとして建てられた。要所であったことが裏付けられる一事実と言える。

この墨俣経由の道は、尾張国の国府や国分寺・尼寺の近くを通った。信長の父信秀の時代、「濃州大柿（大垣）の城」に織田播磨守を配置し、天文一六年（一五四七）斎藤道三とその地の争奪戦を演じた。つまり、古代中世を通じて上記ルートが重要であったということである。

要するに墨俣は、濃尾平野の大河が一点に集中し、東海・東山連絡道を受け継ぎ信長時代以後美濃路と呼ばれる歴史的大道がその一点を通過した、「扇の要《かなめ》」にほかならなかったのである。『武功夜話拾遺』巻二「州の俣の事、尾張川舟渡し賃永楽銭六文の事」にも

古来より美濃・尾張へ通ずる鎌倉道舟橋にて渡り増《ま》る要所、旅人繁く行きかよい増る。然れど大雨来たれば水量増し立ち所に舟橋を流失、これを元に復するに数十日を要す。

と語って、その要所性とそれゆえ難所でもあったことを裏付ける。もっとも、近年は美濃・尾張の取り合いで舟橋どころでなく、そこで川並衆が渡船を仕立てて六文の渡し賃を巻き上げる横暴を働いているという。墨俣は戦中といえどなおカネになる土地であったというところが大事である。

墨俣取りの小手調べ

少しさかのぼる話になるが、『信長公記』首巻には、墨俣（洲俣）に関する記載が次のように見られる。

(1) (ある年) 五月一三日、信長「木曽川・飛弾（騨）川の大河、舟渡し三つこさせられ、西美濃へ御働き。其日はかち村（岐阜県海津郡平田町勝賀か）に御陣取」。対して、御敵は翌日「洲の俣より、長井甲斐守・日比野下野守大将として森辺口（岐阜県安八郡安八町森部）へ人数を出し候」。この合戦は、長井らを討ち取って信長方の勝ちに終わる。

(2) 永禄四年「五月上旬、木曽川・飛弾（騨）川の大河打越し、西美濃へ御乱入。在々所々放火候て、其後洲俣御要害丈夫に仰付けられ、御居陣候の処、五月二十三日、井口（稲葉山城下町

＝岐阜）より惣人数を出し、十四条と云ふ村（岐阜県本巣郡真正町）に御敵人数を備へ候。則洲俣より懸付け、足軽共取合ひ、朝合戦に御身方瑞雲庵おとゝうたれ引退く。（中略）敵陣夜の間に引取り候なり。信長は夜の明るまで御居陣なり。二十四日朝、洲俣へ御帰城なり。洲俣御引払ひなされ、」と、これは決着を見ずに終わっている。

このうち(1)の年次について、角川文庫本の校注は永禄三年（一五六〇）とする。永禄四年の記事の前に収められているのだからそう考えざるをえまい。この永禄三年は、信長が今川義元を奇襲した年であり、それは五月一九日のことであった。とすると、義元奇襲のわずか五〜六日前に、信長は西美濃へ出陣したことになる。奇襲のアイディアを煙幕に包むパフォーマンスだったのであろうか。とすれば、すごい発想であり、余裕であったと言わなければなるまい。

なぜ、どうしても墨俣でなければならなかったのか

いずれにせよ、上記史料には墨俣の取り合いが記載されており、すなわち墨俣の位置の重要性が示唆されていると見たい。しかし、重要であることの所以《ゆえん》は、どう説明すればよいのだろう。難題であるが、以下、大胆に私見を書いてみよう。

答えは一にも二にも、墨俣に足場を構えることによって、鵜沼・犬山と墨俣間、つまり稲葉山城に「対面」する濃尾国境全区間の進攻拠点ラインが完成するということであるまいか。『武功夜話』巻四所収の「永禄濃州州俣《すのまた》一城築き候始末書の事」に、ここに去る永禄子年（七年）七月日、尾州葉栗郡河内、野武、松倉の坪内党新加納表へ駆け向い候。信長公御諚の如く加納一円切り取りの高名御座候。これは木下藤吉郎様寄騎《よりき》衆、蜂須賀小六、前野将右衛門尉合力これあり候。（中略）その他坪内党在番仰せ付けられ、東方の定め一先ず首尾と成り候えば、（中略）東口より美濃乱入は、御先代様の頃より五度、信長様五度、尾張川を押し渡り長森口へ懸り合うも、美濃方懸り来たり寸地も抱えられずは、この辺り名代の節所、御手塞ぎのところ、此度坪内党加納取り抱え候事、比類なき高名歴々衆の耳目を驚かし、信長公多年の宿願叶いたるは、何人も成し遂げ難く至難の業なり。破格の御加恩は藤吉郎己の功を表に表わさず、坪内党御推挙の進退、御心の広き事計り知れずなり。しからば、尾張川筋つぶさに瀬ふみなされ、西方州俣へ御案をめぐらせ候事、これ又、何人も及ばざるところ、御歴々衆に先んじ天与の才智、信長公、益々藤吉郎殿を珍重に存じなされ御重用なされ候。しからば、州俣一城首尾なって、御敵へ向け一番の要所の在番を仰せ付けられ候。

とある。「加納一円切り取り」というのは、今日の各務原市新加納とその周辺を押さえたことを意味する。先に記したように、信長はほぼ並行する時期に「宇留摩」「猿はみ」を落としたのだから、それと合わせると、鵜沼―墨俣間の東西流木曽川区間の東端から中央までの、北岸における足場を確立したことがわかる。残るのは西端部である。西端部でどのように木曽川北岸に橋頭堡を構えるかという課題が残った。その地点は墨俣をおいてほかにない。なぜなら墨俣からは川は南へ折れるからである。秀吉はそこのところをきっちりと把握していて、かつそれを実行したのである。

『武功夜話』による確認

ただし、『信長公記』にはどういうわけか秀吉の墨俣砦（城）づくりの話はいっさい見えない。といって、そのことがなかったわけではむろんない。ここでは『武功夜話』の「木下藤吉郎、州俣陣相談のため、蜂須賀小六を尋ねる事」の記事で確かめておくことにする。秀吉はまず蜂須賀小六に会う。

永禄寅（九年）正月日、木下藤吉郎様、松倉衆介添《かいぞえ》蜂須賀小六殿へ密かに御憑《たの》み候。すなわち濃州州俣へ取出構えの事相談これあり。

という。そして、

木下藤吉郎様、先度丑年（永禄八年）霜月河の島より人数懸けられ、長森口御働きにもかかわらず、この手よりの責口《せめくち》は断念なされ候。美濃方の日根野備中（弘就）の構え堅固に候ゆえ、坪内固めの加納筋等閑《なおざり》に成らざるなり。坪内の申す如く、州俣の取出造作の上は、稲葉山、尾張川上下より挟み討ちにいたさば、如何に堅固成る稲葉山も案の内なり。南方稲葉、安藤の諸将はすでに尾張へ通ずるなり。此度の州俣築城は、信長様の御諚に候。

と、本当のねらいと背景を説き、合力を懇願している。ここに「坪内固めの加納筋」は、美濃方の構えが固く、そこからの攻略は無理との判断が示されている。墨俣に「取出」を構えて上流側と下流側から挟み撃ちにするしかないとの判断が示された。実際、墨俣築城直前の永禄九年（一五六六）閏八月まで、加納筋からの作戦はいずれも失敗に終わっているのである。筆者が先に予想した鵜沼から墨俣までの攻撃ラインの設定という見方と『武功夜話』の上記記載は、重なると言ってよいと思う。

稲葉山城奪取

信長は重臣に墨俣築城を期待したらしいが、彼らは慎重でありすぎた。そのとき命懸けで手を挙げたのが秀吉であった。そして彼は成功した。永禄九年九月のことであった。坪内党が加納筋を押さえていて、鵜沼—墨俣間の上半のいわば「制河権」が織田方に帰していたことも幸いした。しかしこれは秀吉の布石と言うべきだろう。これも彼の「力」のうちであった。

こうして鵜沼—墨俣間全区間の布石が完了した。それにとどまらず、水陸交通路の交会点が公然的に備えていた経済のキーポイントも美濃方は失ったはずであり、奈加良川（長良川）の制河権も失った。稲葉山城はまさに丸裸になったのであり、容易に上下からの挟み撃ちにも曝《さら》されることになった。落城は時間だけの問題になった。——墨俣築城は、それほどの大きな意味があったのである。美濃方の深い絶望が感じられる。

（永禄一〇年）八月朔日、美濃三人衆、稲葉伊予守・氏家卜全・安東伊賀守申し合せ候て、信長公へ御身方《みかた》に参るべきの間、人質を御請取り候へと申越し候。

と『信長公記』が、美濃諸将の投降を書き留めている。『武功夜話』はすでに墨俣築城前から彼らが尾張へ通じていたと記すが、はたしてどうか。私は、人質を差し出しての帰順決断に、美濃を棄てた彼らの深い絶望を見る。信長もこの瞬間に一気に稲葉山城攻略を実行した。斎藤竜興は「舟にて川内長嶋へ」退散し、信長は、濃尾平野を睥睨《へいげい》する山をかくして手中にしたのであった。

岐阜への改名

稲葉山城を落とし城下町井ノ口を得た信長は、沢彦《たくげん》和尚と議り、中国古代の周の岐山の故事に拠ってそこを岐阜と（あるいは山を岐山、町を岐阜と）呼び改めたと伝える。岐山とは、中国の陝西省宝鶏市東方、岐山県北東の山である。その山の南麓は古公亶父《タンポ》が豳《ヒン》から移り住み、周室の本拠としたところと伝える。この故事にならったというのである。

ところが、一方では「ぎふ」という地名はずっと以前からあったという説もある。『美濃国風土記』残篇に、「義婦山」の名と、それにちなむ地名説話、すなわち早くに夫を亡くした美しい婦人があり、周囲からしきりに再嫁を勧められても節を守って肯んじず、ついに山中に身を隠して再び現れることがなかった出来事によりこの地名が生まれたとする物語が伝えられているという。この風土記残篇は吉田東伍『大日本地名辞書』の『岐阜志略』からの所引である。

これを受けて『大日本地名辞書』が示した解釈は、「ぎふ山」の名称は信長以前にあったことが明らかだから、沢彦和尚が岐阜と名付けたのはただ文字を変えたのみだったというものである。確かにいきなり周公の故事を着想するというのは唐突だから、妥当な解釈であると評価できる。しかし、それにしても戦国の雄にとって、充分満足のいく読み替えで、信長がおおいに喜んだことは想像にかたくない。実際、彼はその後も長浜、安土など好字への「こだわり」を見せた人である。そして、実はそのような性癖は戦国武将に共通のものであった。これは信長、秀吉、家康が「彼ら自身の都城」の位置を「どのような解釈で」選定したかという問題意識と並ぶ、本書を通じてのもう一つの視点にほかならない。

稲葉山城の変遷

稲葉山城は中世初期にあたる建仁年間（一二〇一〜一二〇三）に二階堂氏がはじめて築いたと伝えられる。その後、戦国時代に斎藤氏が居城とした。所三男によれば、「いまの岐阜町の原型に当る町並が稲葉山麓に展開するのは、道三の治政下において著しいものがあった」という。すなわち「（道三は）天文八年（一五三九）には稲葉山城を修築し、城下の町づくりにものり出した。この年、道三は因幡社を現在地へ移すとともに、山上には要害を構え、西麓には居館を造営し、町には三方に出入口を設け、また井之口の百姓に命じて山麓の七曲通に町家をつくらせ、百曲通には大桑の町人を引越させて大桑町をつくり、さらに本巣郡舟木から美江寺を移して門前の繁栄を図った[注1]」。

織田信長が斎藤竜興を攻撃した際に、この城下町に火をかけた。

信長が火をかけた井ノ口城下町は、その後、信長みずから再興したが、「岐阜絵図」（第2図）を見るかぎり、信長はもとの井ノ口城下町をそのまま復興したようで、基本的なプランに変更を加えていない。

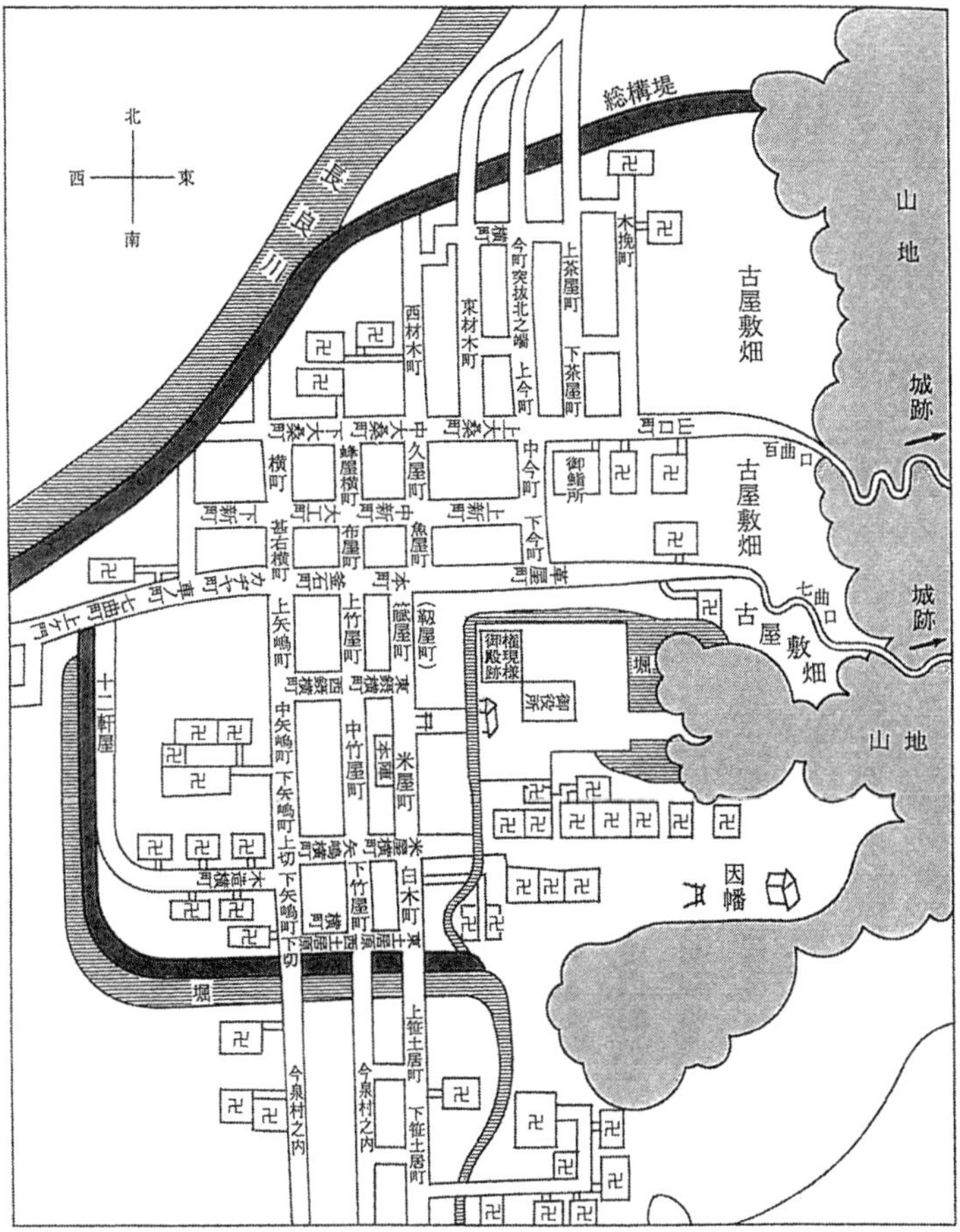

第２図　近世の岐阜「町」

享保年中の成立と見られている「岐阜絵図」(『中部の市街古図』所収) をベースにしているが、省略・補記・記載統一などの改変を加えてある。

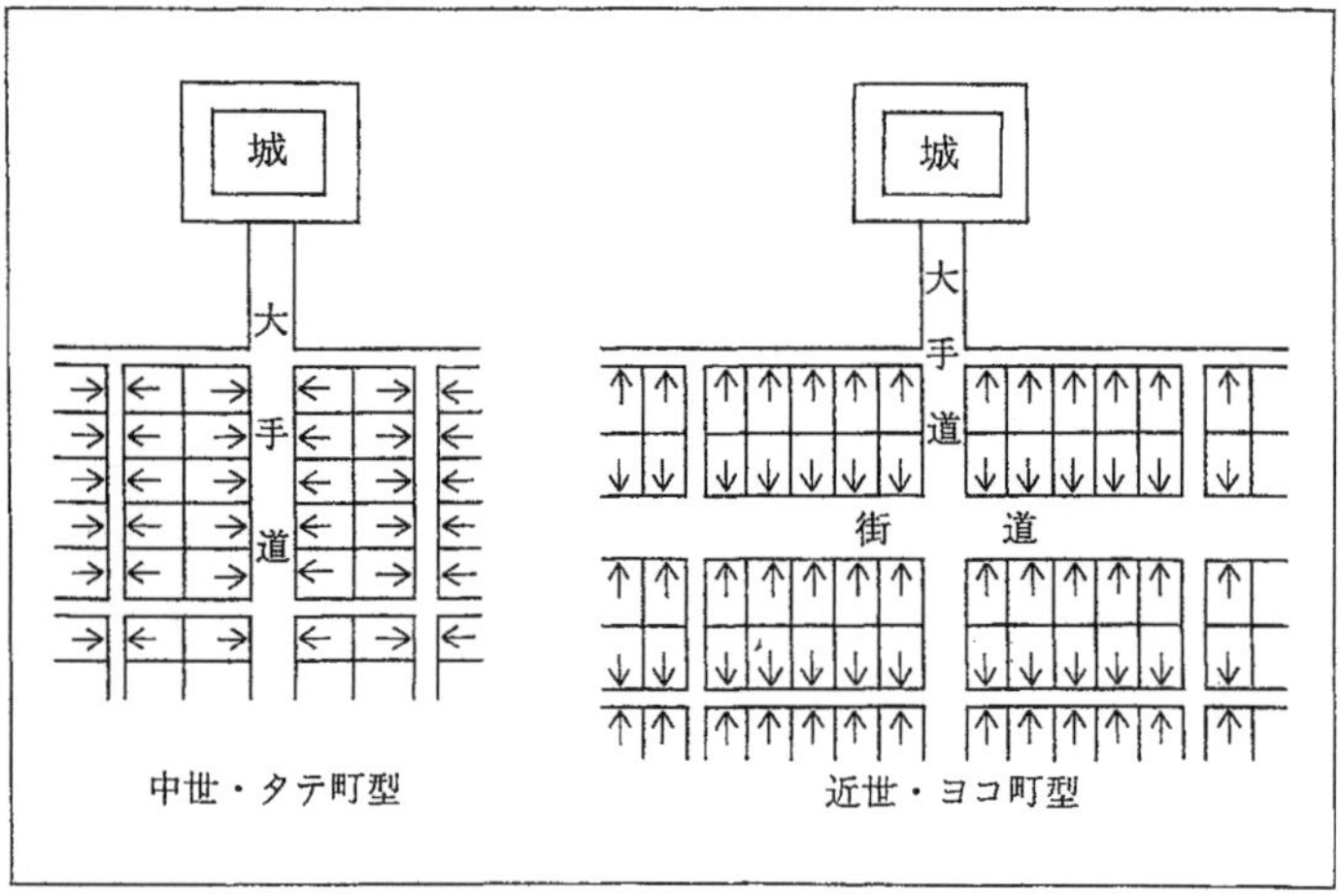

第３図　タテ町型とヨコ町型

そのことがどうして言えるかというと、城の正面から下ってきた七曲通、百曲通には、それぞれ革屋町から上ケ門町に至る町々で構成される町通りと、山口町から下大桑町に至る町々で構成される町通りが成立しているからである。この二本の町通りは道三の町づくりを受け継ぐものであり、しかも近世においてもこれがメインストリートであったことは、この両者を連結する南北街路に、「蜂屋横町」「甚右横町」「横町」などの名称が見られ、それらがワキ道（横丁）に成立した町々であることが判明する。本町という名称も、七曲通すなわち城の正面につづく道が城下第一のメインストリートであったことを示している。

ところで筆者は、山城にせよいわゆる平山城にせよ平城《ひらじろ》にせよ、城郭の正面、すなわち大手門からまっすぐ下る道を「タテ」方向とし、それに直角に交わる方向の街路を「ヨコ」として、城下町のタイプを区分する考えをもっている。すなわち、タテ方向の街路沿いに町家が面するのが大勢を占める城下町を「タテ町型」とし、それに直交するヨコ方向の道沿いに町家が対面して並ぶタイプを「ヨコ町型」とする。それを簡略化して図示すると第3図のようになる。のちに改めて述べることになるが、「タテ町型」が「ヨコ町型」より先行して歴史に現れる。その「ヨコ町型」への変わり目は、秀吉の伏見城下町であった。いま、簡約して言えばタテ町型は中世の、ヨコ町型は近世の城下町であったと言える。岐阜の城下町は元来「タテ町」プランであったこと、すなわちまさしく中世型であったことを明示しているのが、第2図である。

ただ、信長はこの道三以来の町に加えて新町をつくり、靭屋《うつぼや》などを加えて、ために町数の増加が著しかったという。[注2]ところで、たとえば靭屋町とか米屋町、竹屋町のたぐいは、七曲通、すなわち本町から派生する形でつくられたに違いないのであるから、起源的にはヨコ町にすぎない。あるいは、岐阜城が存在した段階においてはヨコ町にすぎなかった、と言える。

その後の岐阜市街地の発展について付け加えて言えば、江戸時代に「御役所」が第2図の中央にあるような位置と方向で設置されたときから、岐阜町の中心は本町（七曲通）よりも南の一帯に移行したと考えねばならない。そして、「御役所」の前にはその後、近世型の「ヨコ町」タイプの町が形成された。

こうして、北から順に、道三・信長の「タテ町」、「御役所」を中心とする「ヨコ町」さらに南に加納城を中心とする「ヨコ町」が合して、現在の岐阜市街地を構成することになったのである。

注

［1］所三男「岐阜」、原田伴彦他編『中部の市街古図』、鹿島出版会。

［2］『岐阜県史』通史編、近世下、第一二章第二節「其他の都市」。

第二章　信長はなぜ安土を選んだか

岐阜を拠点としたその後の信長

岐阜を手中にした翌年の永禄一一年（一五六八）、『信長公記《しんちょうこうき》』によれば、信長は足利義昭のたのみを受ける形でこれを奉じて、近江中部、観音寺山の佐々木承禎《じょうてい》を追い出し、京都に進軍した。このときの、京都における本陣は東福寺。興味深いことに、以後信長は何度も入洛するが、本能寺に斃れるまでついに、京都に本拠を構える姿勢を示さなかった。伏魔殿のような公家政治の渦中に身を置いてほんろうされる危険を避けたのかとも憶測される。そうだとすれば、そこに信長の賢明さを見ることができるが、しかし結果はそこに落とし穴があった。本能寺という貧弱な構えに宿った油断が、身を滅ぼしたからである。それはともあれ、永禄一一年以後安土築城の天正四年（一五七六）までの八年間、信長はまさに東奔西走の戦いに明け暮れる。その詳細は多くの著作に見られるとおりである。

この章では、戦国城下町史上で一つの画期《かっき》をなす安土城経営の意味を解く試みを行なう。もう少し明瞭に言い換えるならば、①織田信長は、なぜ安土山に城地を選定したのか、という問題と、②安土における城と城下町の経営は、信長にとってどのような意味をもっていたか、という問題を、地図と地名を資料として解くことを試みるのが、ねらいである。

一　安土を中心とした城郭配置の成立

右翼に長浜城、左翼に坂本城

一枚の単純な地図が、思いもよらないことを語るケースは、稀《まれ》でない。第4図は、その一例と言える。図には、安土山の天主跡と、大津市下阪本の坂本城跡を結ぶ直線、および安土山と長浜市の長浜城跡を結ぶ直線を、それぞれ記入してある。前者は二六キロメートル、後者は二七キロメートルを測る。ほとんど等距離と言える。一キロメートルの長短はほとんど誤差の範囲に属する。要するに、安土城は、いわば坂本城を左翼に配し、長浜城を右翼に配する〝布石《ふせき》〟の要《かなめ》として、その中央に、琵琶湖に君臨する位置を占めて、在る。この事実は、おそらく従来指摘されたことがないと思う。この配置は、どのような過程をへて実現してゆくのであろう。

まさかの浅井謀反

永禄一三年（元亀元、一五七〇）四月二〇日に、このストーリーの出発点がある。この日は、信長が、北陸の雄《ゆう》朝倉を攻めるための軍事行動を起こした日であった。信長軍は京都から出発した。坂本、和《わ》

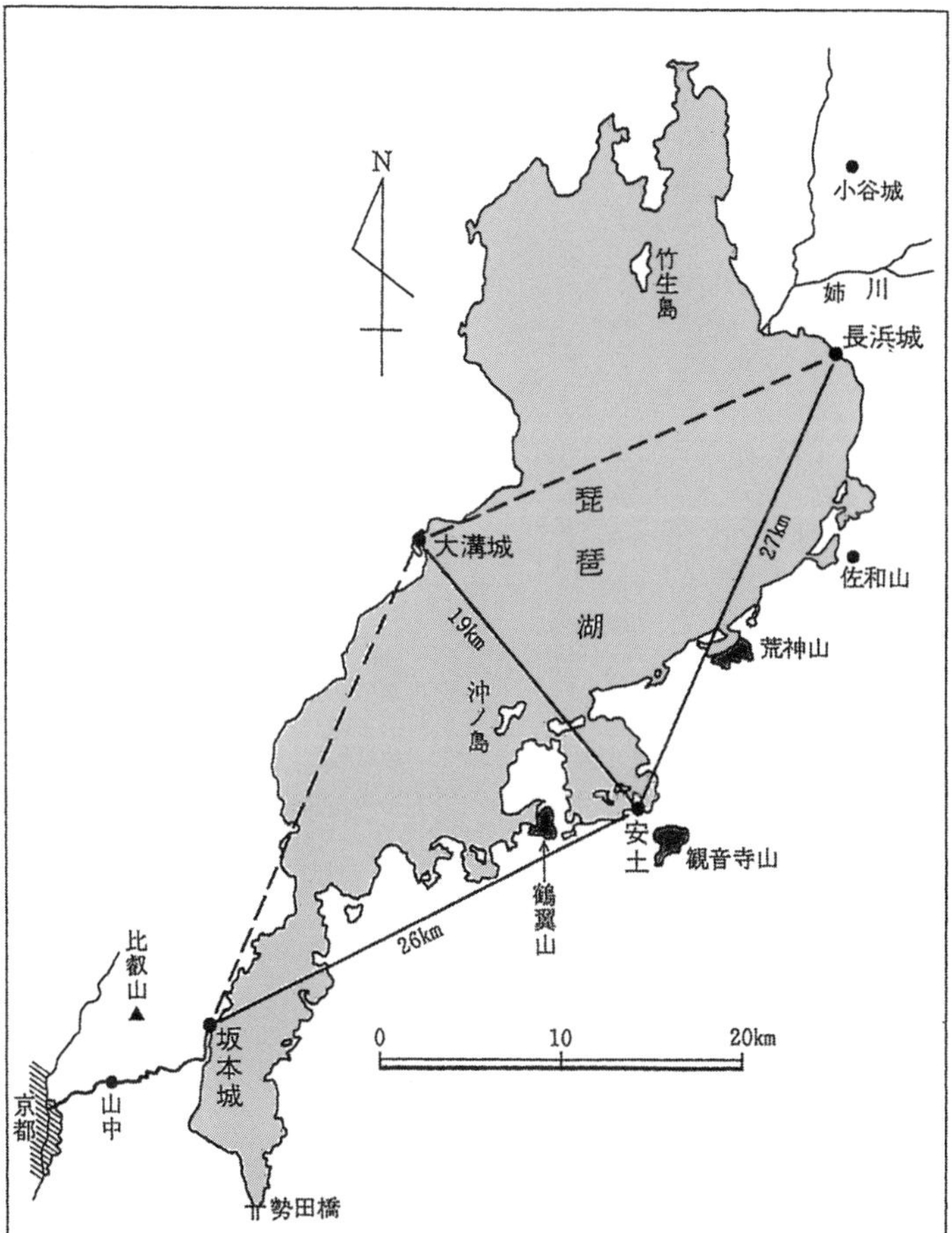

第４図　安土と坂本・長浜・大溝の関係

邇《に》（滋賀県志賀町）、田中（高島郡安曇川町《あどがわ》）と、琵琶湖西岸を北上し、若狭の熊川（福井県遠敷郡《おにゅう》上中《かみなか》町）、佐柿《さかき》（三方郡美浜町）と若狭路を迂回して、二五日には、いよいよ朝倉勢が陣を構える越前敦賀表《おもて》（敦賀市）に進攻した。しかし、この軍事行動は、信長が予想もしなかった江北浅井《ごうほくあざい》の寝返りによって、惨憺たる結果に終わる。

引壇《ひきだ》、すなわち、敦賀市疋田《ひきだ》にあった朝倉の支城を落とし、木ノ目峠（木ノ芽峠）を越えていよいよ越前国の中枢部に乱入しようとしていたそのとき、「浅井反旗」の報が入った。

江北浅井備前手の反覆の由、追々《おいおい》其注進候。然共《しかれども》、浅井は歴然御縁者たるの上、剰《あまつさえ》江北一円に仰付《おおせつ》けらるゝの間、不足これあるべからざるの条、虚説たるべきと思食《おぼしめし》候処、方々《ほうぼう》より事実の注進候。

と『信長公記』は述べる。浅井には信長の妹お市が嫁している。きわめて深い間柄の親戚と言える。それに浅井には、豊饒な近江国北部（江北）一円の領有・支配を許している。不満・不足があるはずはないのだから、反旗をひるがえすなど、ありえない。これは信長の見方であるが、しかし続々とそのもとへ届く報《しら》せは、まぎれもなく「浅井反覆」の事実を伝えるものばかりであった。

かくて、ここは引くしかないと判断した信長は、木下藤吉郎（豊臣秀吉）を金ケ崎城（敦賀市）に残して後衛とし、朽木越《くつきごえ》（高島郡朽木村）によって、文字どおり這々《ほうほう》の体《てい》で京都まで退却する。ついで、琵琶湖の東の八日市市付近から千種越《ちぐさごえ》（神崎郡永源寺町）で、五月二一日に本拠の岐阜城（岐阜市）に帰陣するが、千種越の山中では、前々年に湖南湖東の要害・観音寺から追い出した佐々木承禎の命を受けた杉谷善住坊の狙撃《そげき》にあい、鉄砲の玉が身をかすめるピンチすら経験する。

のち、京都本能寺で、明智光秀の急襲を受けて落命することを除けば、このときが信長にとって最大の危機であった。そして、この一カ月の「思いもよらぬ」展開が、信長の近江経略・安土経営を規定することになる。信長の立場から言えば、まさに腹の中が煮えくり返る思いを経験したに相違ない。

浅井・朝倉＋石山本願寺

時を移さず態勢を立て直した信長軍は、六月に入るとまず、湖南の佐々木承禎父子が扇動する一揆を鎮圧して「江州過半」を鎮めたと判断し、六月一九日には、いよいよ信長自身が浅井攻めに出陣する。信長軍と浅井軍との著名な姉川の合戦は、九日後の二八日にくり広げられる。しかし、このときに勝敗が決着したわけではない。このとき、信長には一気に勝負を決する余力は残っていなかったと見られる。横山（長浜市街東方の丘陵）に木下藤吉郎を残し、信長は、佐和山《さわやま》（彦根市）をへて京都へ引き、七月八日にいったん岐阜に帰城する。

しかしすぐに摂津で「三好三人衆蜂起」の報が、信長のもとにもたらされ、信長は直ちに摂津へ向けて出陣した。この行動が大坂の石山本願寺に警戒の念を起こさせ、九月一〇日に至って、本願寺が反信長戦線に加わることになる。それは浅井・朝倉軍と呼応する動きであって、九月一六日、浅井・朝倉連合軍は、三万の大軍をもって琵琶湖の西を南下、比叡山東麓の坂本口へ至った。

壺笠山への兵糧攻め

直ちに大坂表《おもて》からとって返した信長は、本能寺を経由、湖西に到着して宇佐山に布陣、これより一二月の中旬までおよそ三カ月の間、壺笠《つぼかさ》山から比叡山に展開した浅井・朝倉軍とのにらみ合いがつづく。

宇佐山は、志賀峠・田ノ谷峠を越えて京都・北白川へ下る、山中越《やまなかごえ》のルートに臨む、近江神宮西裏の標高三三〇メートルあまりの山である。一方、壺笠山は、宇佐山の北二キロメートルに位置する標高四二〇メートルあまりの山で、その北西背後に比叡山がそびえる。簡略に言えば、宇佐山の北正面に壺笠山、その左奥に比叡山という位置関係になる。そして、比叡山はもとより、壺笠山も、宇佐山からは見上げる位置にある。

この位置関係に関連して、『信長公記』には、「越北衆《えつほくしゅう》に懸《かけ》向ひ、つぼ笠山へ追上げ、干殺《ひごろ》しになさるべき御存分」という記述がある。そしてさらに、この記述に関連して、『新修大津市史』第三巻「近世前期」が、次のように述べる。

信長は北国軍を山上に追いつめて兵糧《ひょうろう》攻めにする作戦をとったようだ。このとき、明智光秀は義昭（足利）近習《きんじゅう》の一色藤長・上野家成《いえなり》・山本実尚《さねひさ》らとともに仰木《おおぎ》（大津市）方面へ迂回し、北方への通路を遮断しているが、これは翌年の山門《さんもん》（比叡山延暦寺のこと）焼き打ちの包囲部署とほぼ同方面であって、注目されるところである。

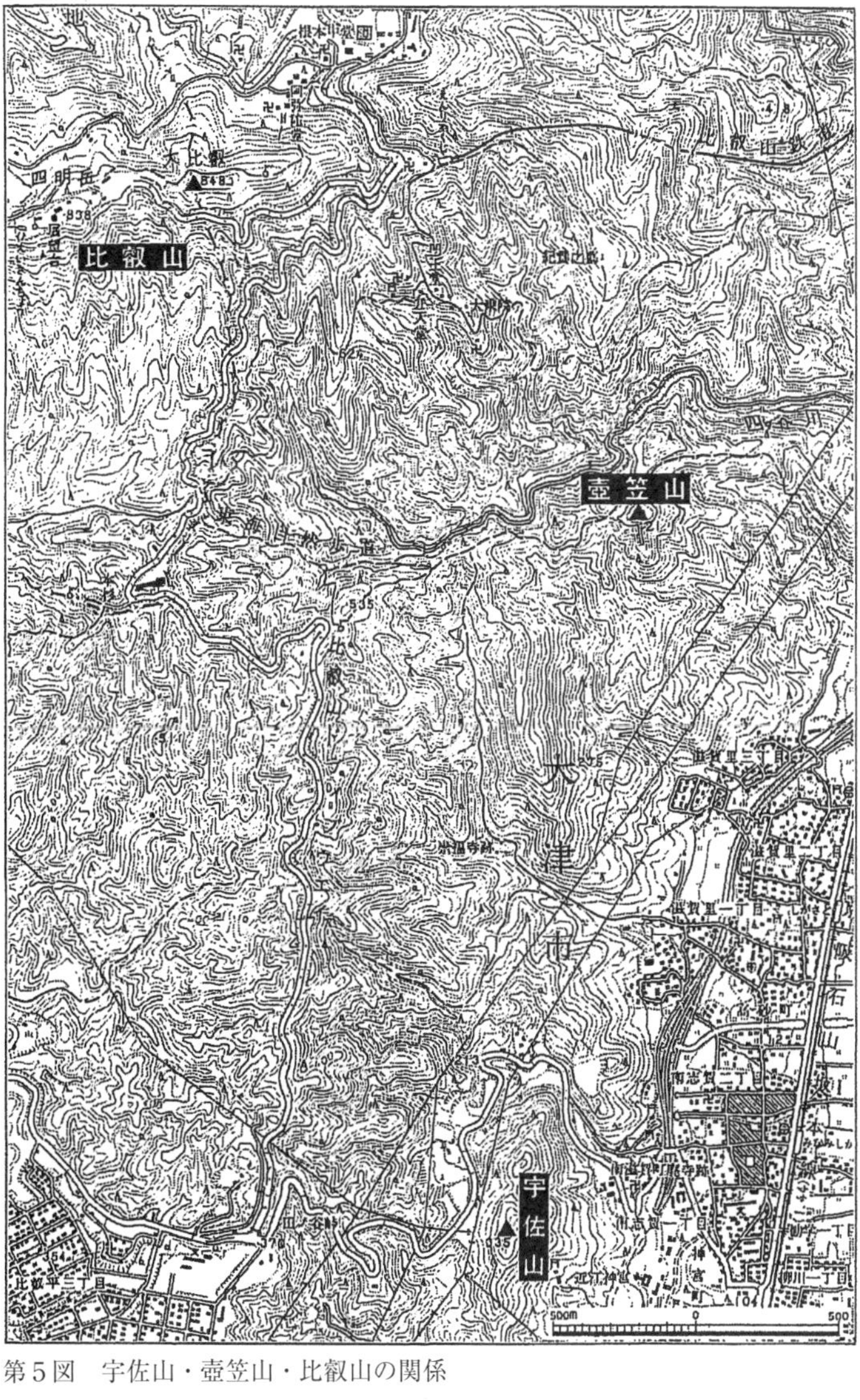

第5図　宇佐山・壺笠山・比叡山の関係

この一連の作戦に、少し違った角度から強い関心がもたれる。そのわけは火攻めの手法が安土城地選定と関係をもつ可能性が考えられるからである。この点はあとで再検討する。

ともかく、信長軍と浅井・朝倉連合軍との対峙は、約三カ月つづく。「干殺し」にしようとした信長作戦は実を結ばずに経過した。それはつまり、どちらも苦戦であったということにほかならない。

比叡山への怒り

長期戦は消耗をはなはだしくする。そして、消耗・疲弊は、敵軍に対する憎しみをつのらせる。しかし一二月中旬に至っていったん和議が成立する。が、それは両軍がさしあたりこの長期の消耗戦から解放されたいとの願望で一致したからであるにすぎないと見るべきである。

『新修大津市史』も紹介しているが、一二月一六日、岐阜への帰途に佐和山城に立ち寄った信長が、腹心の者に、「今度の和睦は庚申の夜の俗歌と思ふべし」と言ったという話が、江戸時代中期に成った歴史書『武徳編年集成』に残されている。つまり、「猿芝居だ」ということである。この強烈な言葉に託された信長の、浅井・朝倉に対する、そしてそれ以上に、この北国軍に贔屓して散々な目にあわせてくれた比叡山に対する〝腹立ち〟が、手にとるようにわかる思いがする。しかも『新修大津市史』の考証によると、北国軍と信長軍の間での和議は成ったが、比叡山と信長軍の間は、元亀元年一二月下旬に至ってもなお交戦状態がつづいており、和議が結んだ確証は見あたらないという。むろん、比叡山には比叡山の抵抗の理由がさまざまにあるのだが、信長側からすれば、浅井・朝倉贔屓の比叡山に対する憎しみは、増すばかりであった。翌元亀二年（一五七一）九月一二日の「山門焼き打ち」の挙は、その延長上の必然的なスケジュールであった。「年来の御胸朦《きようもう》を散ぜられ訖《おわんぬ》」——これは焼き打ちを実行した信長の心境に対する『信長公記』の、〝寸評〟である。

坂本に城を築いた意味

「さて志賀郡（滋賀郡）明智十兵衛（光秀）に下され、坂本に在地候ひしなり」（『信長公記』元亀二年九月一二日）。焼き打ちの事後処理と監視の任を与えられ、志賀郡に据えられた光秀は、居城を下阪本の湖岸に構えた。城跡は、「城」という小字《こあざ》で、湖岸から湖中に石垣が残り、昭和五四年（一九七九）には、発掘も行なわれて遺構が調査された。「城畔」「的場」「御馬ヤシキ」などの小字名分布で推定される城郭域はおよそ五〇〇メートル×六〇〇メートル。これは信長軍団の手で琵琶湖畔に、湖と陸とを踏まえて営造された最初の本格的城郭と位置付けることができる（第6図）。これ以後、湖畔の平城《ひらじろ》が江戸時代にかけていくつか新造されることになる、その走りという点では、ここにもまた一つの重要な歴史地理の「展開」の起点があると言えるであろう。

ともかく、信長は、浅井・朝倉連合軍という最大の敵につらなる一つの要点としての比叡山を潰滅させて、逆に、確固とした政権基盤の一つを、その麓の下阪本に置いた。同時にそこは、山中越の峠道で京都に通じる要衝であり、京都をにらむ信長体制の先鋒でもあった。

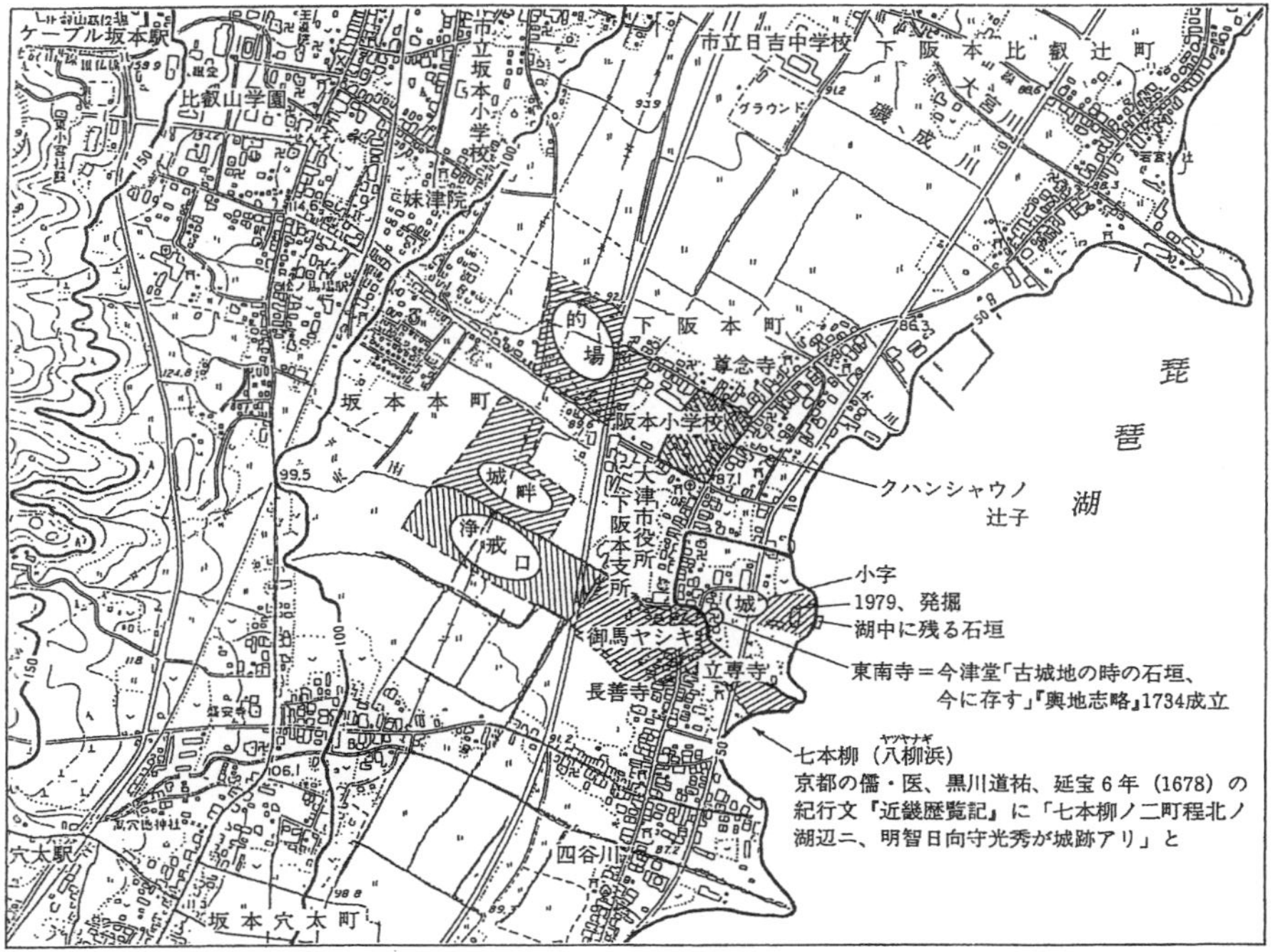
ケーブル坂本駅
比叡山学園
市立坂本小学校
妹津院
市立日吉中学校
下阪本比叡辻町
グラウンド
大宮川
磯成川
的場
下阪本町
尊念寺
坂本本町
阪本小学校
城畔
浄戒口
大津市役所下阪本支所
クハンシャウノ辻子
琵琶湖
小字
1979、発掘
湖中に残る石垣
御馬ヤシキ
立専寺
長善寺
東南寺＝今津堂「古城地の時の石垣、
今に存す」『輿地志略』1734成立
七本柳（八柳浜《ヤツヤナギ》）
京都の儒・医、黒川道祐、延宝６年（1678）の
紀行文『近畿歴覧記』に「七本柳ノ二町程北ノ
湖辺ニ、明智日向守光秀が城跡アリ」と
四谷川
穴太駅
坂本穴太町

第６図　坂本城跡と周辺

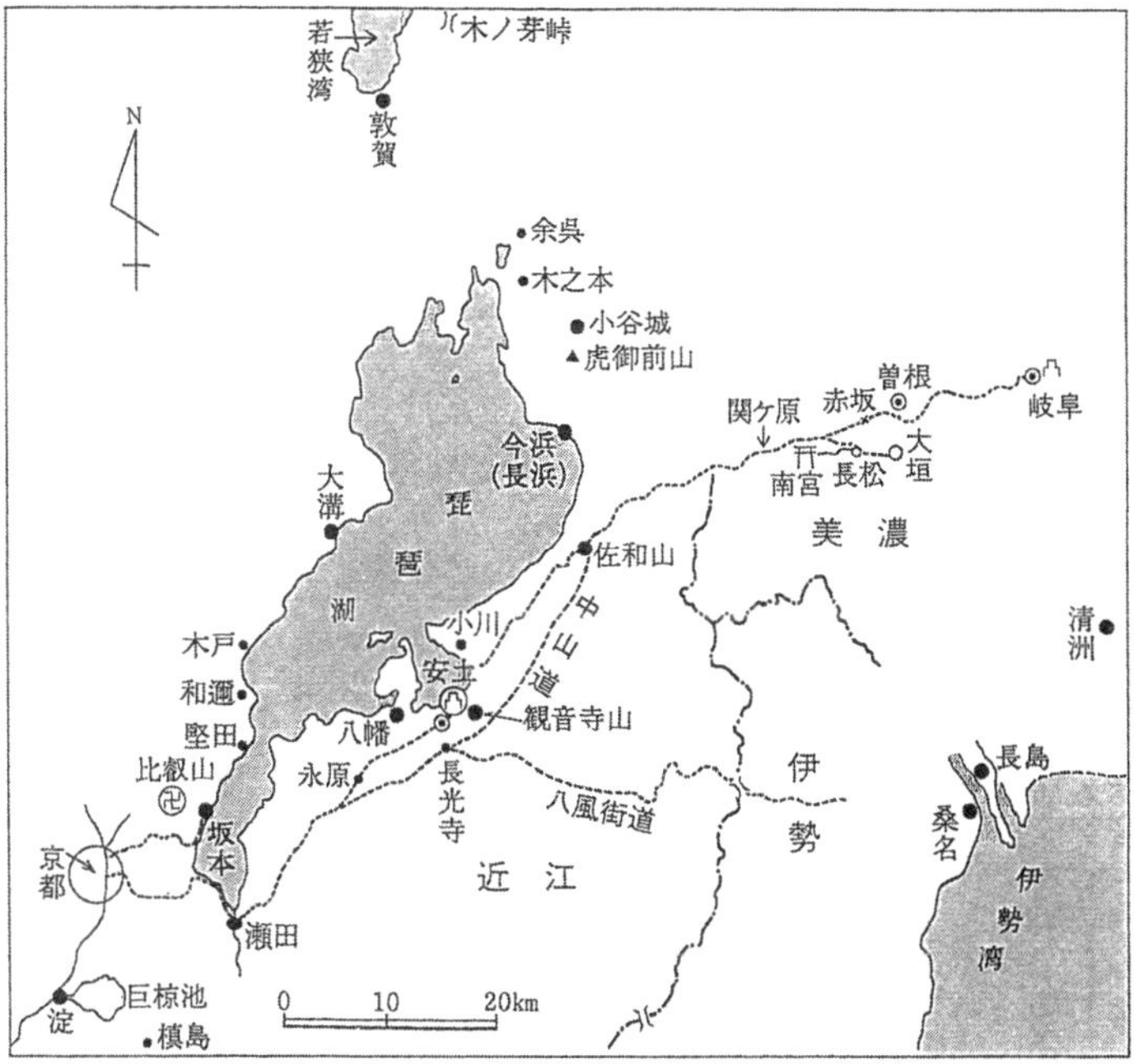

第７図　信長関係地名

信長の東奔西走

浅井・朝倉への攻撃、とくに浅井攻略の作戦も、休みなくつづけられた。『信長公記』によって両軍潰滅までの信長の作戦行動の概要を摘記すると、以下のように、それは席の温まる暇のない東奔西走であったことがわかる。

まず元亀二年五月、尾張津島（愛知県津島市）に出陣して伊勢長島一揆と対戦、八月には、とって返して江北横山（長浜市）に着陣して小谷《おだに》山（東浅井郡湖北町）に対し、余呉（伊香郡余呉町）・木之本（伊香郡木之本町）まで放火したとある。つづいて同月末からは湖東に鉾先を向けて小川・志村（＝新村、いずれも神崎郡能登川町）の一揆を制圧、九月三日には常楽寺（安土町）に滞留して、金ケ森（守山市）の一揆を降参させている。九月一二日の比叡山焼き打ちは、この行動のつづきに行なわれたのであった。

翌元亀三年には、三月五日に岐阜を出立《しゅったつ》、六日に横山に着陣、小谷城と、それに呼応する湖岸の山本山（湖北町）の間に入って、余呉・木之本まで再び放火、きびすを返して常楽寺をへて湖西の志賀郡へ出陣、和邇に陣を構えてその北方の木戸（志賀町）・田中を攻め、一二日には上洛、二条妙覚寺に寄宿という早駆けであった。

ついで、京都西南の三好・松永らを攻め、五月一九日には「天下の儀」を仰せ付けられていったん岐阜帰城。しかし七月一九日には再び湖北に出陣して横山に着陣、小谷を攻めている。このとき、小谷に呼応する山本山を攻めた木下藤吉郎は、首級五〇あまりを挙げる奮戦をし、「信長公御褒美《ほうび》斜めならず」と、武功をことのほか賞讃されたのであった（『信長公記』）。

このときの戦闘は、信長軍が小谷山と指呼の間の虎御前山《とらごぜ》（東浅井郡虎姫町）に進出し、一方浅井軍には、朝倉軍一万五〇〇〇の加勢があったことなどのため、死闘は一一月までつづく。

琵琶湖を制する大船作戦

元亀四年（天正元年、一五七三）の前半は、おもに、反旗をひるがえした将軍義昭軍との応接についやされた。その間に注目すべきこととして、大船による軍勢の大量輸送という作戦が採り入れられたことがある。このアイディアの発端は、おそらく明智光秀に求められよう。『信長公記』二月二九日の段は、堅田《かただ》（大津市）に布陣した義昭軍への攻略を記して、

> 辰刻《たつのこく》、今堅田へ取懸け、明智十兵衛囲舟《かこいぶね》を拵《こしら》へ、海手の方を東より西に向つて攻められ候。（応援の）丹羽五郎左衛門・蜂屋兵庫頭両人は、辰巳角《すみ》より戌亥《いぬい》へ向つて攻められ候。終《つい》に午《うま》刻に、明智十兵衛攻口より乗破り訖《おわんぬ》。数輩切り捨て、これに依つて志賀郡過半相静まり、明智十兵衛坂本に在城なり。

と、光秀が面目をほどこして終わった湖上からの攻撃の成功を活写している。

公儀（義昭）軍が湖水を防衛線とする可能性を考えた信長が、佐和山山麓の松原内湖で「長さ三十間（約五四メートル）、横七間」の大船の建造を命じたのは五月二二日である。湖上輸送船のアイディアのもとが先の光秀の作戦成功にあると見るのは、右の時間経過による。ともあれ、大船は七月五日に出来《しゅったい》、信長はさっそくその船によって「坂本口へ渡海」し、真木嶋《まきしま》（宇治市槙島）に拠る義昭攻略に向かい、また、そこからもどって高島郡方面を攻めるにあたっても、「彼《かの》大船を以て」参陣した。こうして、いわば琵琶湖の制海（湖）権が、しだいに信長の手中ににぎられてゆく。注目に値する一つの側面である。

浅井・朝倉との最終戦と秀吉の軍功

以上の一連の作戦に成功を収めて信長がいったん岐阜へ帰陣するのは八月四日であるが、早くも八

日には、湖北へ向けて発たねばならなかった。これが浅井・朝倉攻略の、最後の出陣である。一〇日には早くも越前への通路を掌握して朝倉軍を追い、一四日から一六日には敦賀に逗留、一八日は越前府中（武生市）の龍門寺に進出して、ほどなく難敵朝倉義景を切腹に追い込み、二六日には虎御前山に帰陣、翌二七日、『信長公記』に、

夜中に、羽柴筑前守、京極つぶら（丸）へ取上り、浅井下野・同備前父子の間を取切り、先ず下野が居城を乗取り候。爰《ここ》にて浅井福寿庵腹を仕《つかまつり》候。

と記されたところの、歴史に名高い小谷落城の日を迎えるのである。比叡山焼き打ちから二年の歳月を経過していた。

「爰にて江北浅井が跡一職《あといつしき》進退に羽柴筑前守秀吉へ御朱印を以て下され、悉《ことごと》く面目の至《いたり》なり」と『信長公記』はつづけて記す。湖北の現地司令官秀吉は、その軍功によってついに一城の主となることが許された。

長浜築城の意味

秀吉は、はじめは小谷城に入ったが、早くも翌天正二年（一五七四）、湖岸の今浜に城地を求め長浜と改称して築城に着手した。築城の経過等についてはほとんど史料が残らないため、残念ながら不明のことが多い。通説が長浜城への秀吉の入城を天正三年か四年のことと、かなりの幅をもたせて語るのはそのためであろうが、筆者の思うところ、秀吉は決してそんな気の長い人物ではないから、天

正二年の入城と考えて誤らないのではなかろうか。

今浜城の名をもつ城は、文明・天文期（一四六九〜一五五五）にかけての湖北の戦記『江北記』によると、すでに一六世紀初頭に存在したことが判明する。秀吉はその古城地を活かし、光秀・信長の先年の戦略に学んで、いわゆる長浜平野の中心と湖水の両方に足をかけたこの地を選んだのであったと思われる。

かくして、湖北一帯から、越前方面を睥睨《へいげい》して三六〇度の視界を有するところの、近江における信長軍団二番目の水城が、ここに生まれた。憶説であるが、長浜に名を改めたのは、信長の一字をもらい受けたのであるという。信長が地名にこだわる人物であったことを示唆する点で、この憶説は注目される。

長浜・坂本は安土から見える

これまでの、たいへん長い〝伏線〟の検討は、信長がなぜ安土城を営んだかという主題に近づくための、準備作業であった。

山門を制し、光秀を下阪本に配して五年後、浅井・朝倉を倒して、秀吉に長浜築城を許して二年後の天正四年（一五七六）、信長は、両城の中間点の安土山に、岐阜から経略の中心を移すのである。

数年間、最大の難敵として死闘をくり返した浅井・朝倉勢の復活を押さえる、いわば後衛として秀吉を配し、その難敵に与《くみ》した山門を押さえ、京都をにらむいわば前衛として光秀を配して、その中央にみずからの居城を営む。数年の戦闘行動の途中にしばしば活用した、たとえば佐和山などではなしに、ほかならぬ安土山に、岐阜に代わる経略の本拠を求めたのは、まさに両城との〝距離〟に理由があったと考える以外にないであろう、と筆者は思う。

実は、距離ばかりではない。安土と坂本、安土と長浜が、それぞれ相互に視認できるという、もう一つの事実に注目する必要がある。二七キロメートルという距離が、好天の日にははっきりと肉眼で対象を認めうる距離であることは、浜大津（大津市）の湖岸から長命寺山・鶴翼山・沖ノ島（いずれも近江八幡市）などのシルエットを明確に識別できることで、先に確認ずみのことであった（「京への水路」、小林博・足利健亮編『街道――生きている近世、3』淡交社）。問題は、中間に障碍物《しょうがいぶつ》がないかどうかであるが、先に掲げた第4図に示すとおり、安土山と長浜城を結ぶ直線は、みごとに荒神山（彦根市）の西麓をかすめてつながっている。安土山と坂本（下阪本）を結ぶ直線上にも、またさえぎるものがない。

ある晴れた一日、筆者は、近年の造作になる長浜城に上って、荒神山の西をかすめて安土山が遠望できることを確認し、安土山上からも、当然ながら長浜市街のビル群を視野におさめうることを確認した。

安土山から下阪本を望むことは、安土天主台西側が樹木が茂っていて困難であったが、下阪本の湖岸から、鶴翼山の右奥に安土山を確認することは容易であった。むろん天候の条件によっては見とおし合うことは不可能であるが、火急の際に烽火《のろし》などによる連絡が可能な相互位置であることは、きわめて重要なポイントであろう。三城は、そういう相互位置なのである。

なぜ観音寺山ではなかったか

ところで、安土山は標高一九九メートル。琵琶湖面が八五メートルであるから、安土山の実際上の高さは一一〇メートルあまりにすぎない。これに対して、すぐ東にそびえる観音寺山（繖山《きぬがさ》）は四三二メートル、すなわち琵琶湖面から見ると三五〇メートル近くの山ということになる。安土山の三倍の高さである。しかも観音寺山は、湖南の雄佐々木六角氏の居城として堅塁を誇った「城塞山」である。信長はこの観音寺山を選ばずに、あえてその西麓の安土山の小丘を選んだ。もちろん、琵琶湖水路とのかかわりの問題は考えられる。安土山は、琵琶湖に接する〝面〟が、観音寺山にくらべて確かに長い。いや、長いというより、山体の外周長に占める〝湖に接する面〟の長さの比が大きい、と言うほうが正確であろう。安土山は、三角形の平面であるが、その二辺までが湖水に面していた（第8図）。しかし、観音寺山も、その北西面では、明らかに琵琶湖に接するばかりに近接した部分があったと認められるのであり、そのかぎりにおいて、観音寺山と安土山の甲乙は、そう容易に判断を下せないと思われる。

このように、〝湖水〟に接するところをもつという条件が仮に同等であったとすれば、一見したところ、城郭の構営の場としては観音寺山のほうがはるかに安土山をしのいでいるように見える。安土

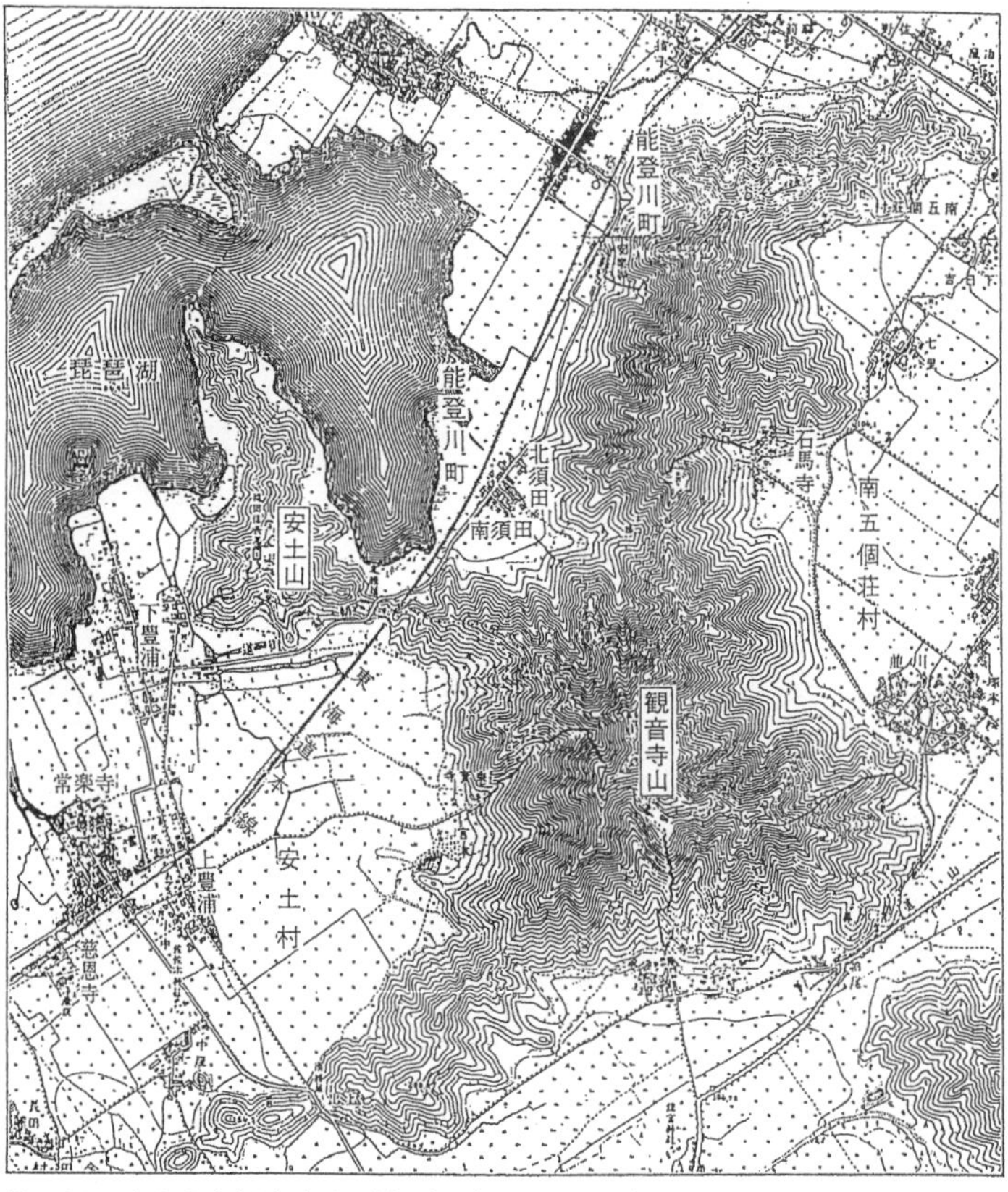

第８図　安土山と観音寺山（大正９年、1/25,000）

山は、観音寺山から眼下に見下ろせる、上からのぞき見をされてしまう小さな低い丘にすぎない。にもかかわらず、信長は観音寺山を選ばずに安土山を選んだ。これはなぜであろうか。

観音寺山は火攻めに弱い

筆者の憶測する〝答〟は、以下のようになる。ひとことで言えば、観音寺山のごとき山は、山麓から焼き打ちをかけられたときに、きわめてもろい山と化すタイプであったと考えられることである。斜面を樹林で覆われた山は、まわりから一斉に火をかけられた場合に一山が火の山と化し、退路を失う。思えば、これほど危険な城塞はないのである。信長は、このことを熟知していた。信長は、戦場で、しばしば放火の作戦を用いている。その圧巻は「山門焼き打ち」であった。元亀二年（一五七一）九月一二日——。

叡山を取詰め、根本中堂・三王（ママ）廿一社を初め奉り、霊仏・霊社・僧坊・経巻一宇も残さず、一時に雲霞《うんか》のごとく焼き払ひ、灰燼の地と為社《なるこそ》哀れなれ。山下《さんげ》の男女老若、右往左往に廃忘を致し、取物《とるもの》も取敢へず、悉くかちはだしにて八王寺山へ逃上り、社内へ逃籠《にげこみ》、諸卒四方より鬨音《ときのこえ》を上げて攻め上る。（『信長公記』）

このような作戦を用いる信長であればこそ、そのような作戦にさらされる危険な条件をもつ観音寺山を城地の対象に加えることなど考えもしなかったに違いない。そしておそらく、すでに永禄一一年（一五六八）九月に、信長に攻められた佐々木父子が、いともあっさりと観音寺山を捨てて遁走したのも、火攻めに弱い自身の山城を熟知していたからではないかと想像されるのである。

かくて信長は、迷うことなく安土山を選んだのであったと解される。そこは、湖水と平野に、あたかも片足ずつ均等に踏まえるかのように、湖岸に突出した低い小さな丘であった。そして、その丘は、戦略にすぐれた二人の部将、光秀と秀吉の守備する前・後衛とも、左右両翼とも言うべき坂本・長浜両城と、視覚による直接連絡が可能な、唯一無二の〝要〟であった。

天正四年（一五七六）、安土築城を始めた信長は、

先年佐和山にて作置かせられ候大船、一年《ひととせ》公方様御謀叛の砌《みぎり》、一度御用に立てられ、此上は大船入らずの由候て、猪飼野甚介に仰付けられ取りほどき、早舟十艘に作りをかせられ、（『信長公記』）

と、琵琶湖面利用の方策転換を指示している。大船はもはや不用、縦横に疾走する早舟こそ必要という。信長にとって、琵琶湖はいまやわが屋敷内の廊下のごときものになったということであろう。

安土の対岸、大溝の重要性

安土の城そのものを語る前に、話をもう少し先へ進めてここに付け加えておく必要のあることがある。

それは、天正六年（一五七八）に、織田信澄《のぶずみ》が、湖西高島郡の大溝《おおみぞ》（高島町）に築城し、城下町を経営したことである。信澄は、信長の弟信行の息、つまり信長の甥であった。しかも彼の妻は、光秀

の息女である。城下の町割りには光秀が参画したと言われるが、それはこのような親子関係があるためであったろう。

『信長公記』同年二月三日条は、

磯野丹波守上意を違背申し、御折檻なされ、逐電仕り、則、高島一向に津田七兵衛信澄仰付けられ候なり。

と、簡略に記すのみであるが、このとき、信澄は新庄（新旭町）から同郡の大溝に入ったことが知られている。失脚した磯野丹波守員昌《かずまさ》は、元亀二年（一五七一）、つまり比叡山焼き打ちの年の二月に信長に降《くだ》り、佐和山城を明け渡して、湖西高島郡の支配を許され、信澄を養子として預かっていたのであるが、たぶん、信長の琵琶湖経営戦略のために、わずかの失策をとがめられて放逐されたというのが実情であろう。

ともかく、このようにして信澄は大溝を占めた。そこは、平安時代の勝野津以来の伝統を有する湖西の要津《ようしん》である。城は、白髭《しらひげ》神社で知られる明神岬付近から北に伸びて小さなラグーン（潟湖《せきこ》）をかかえる砂州《さす》の上に築造された。坂本、長浜につぐ、信長軍団第三の水城である。そして、その位置は、若狭路をにらむとともに、湖水を挟んで、安土城の正面に向かい合う要点であった。安土城との直線距離は一九キロメートルで、もちろん相互によく認め合える関係に位置する。

かくて、はじめに掲げた第４図に示したとおり、安土・長浜・大溝・坂本を結ぶほぼ平行四辺形の城郭ネットワークで琵琶湖を取り囲み、かつ、三城が安土に向かって求心する、城郭群としての武備体制が完成したことを知るのである。信長の意図はここにあったと解することが、許されるのではあるまいか。

二　信長にとって安土は最終目的地だった

第二の論点、すなわち安土における城と城下町の経営は、信長にとって一つのステップにすぎなかったのか、それとも彼の最終目的であったのか、という問題に移ることにする。結論を先に言えば、それは後者以外ではありえない、ということになる。信長は、安土山とその山下《さんげ》に〝世界の中心〟を据えたのであったと考えられる。以下しばらくその考えを支えると思われるデータを拾ってみよう。

元亀元年の「安土城」とは？

まず何よりも注目されるのは、ほかならぬ「安土」という地名である。安土の地名が、天正四年（一五七六）における信長の築城以前に『信長公記』に見えるのは、ただ一回である。元亀元年（一五七〇）、越前から京都へ退却し、つづいて岐阜へ帰城する途次《とじ》、

志賀の城、宇佐山　拵《こしらえ》、森三左衛門をかせられ、

と、やがて壺笠山と比叡山に拠る浅井・朝倉軍と戦さを交える際の拠点となる宇佐山砦構築のことが

記されたのにつづいて、

（五月）十二日永原（野洲郡野洲町）まで御出で、永原に佐久間右衛門をかせられ、長光寺（近江八幡市）に柴田修理亮在城。安土城に中川八郎右衛門楯籠《たてこも》り、かくのごとく、塞々に御人数残しをかせられ、

というふうにして、安土の名があげられる。この安土城の記事をどう見るかであるが、秋田裕毅は、

晩年になって『信長公記』を執筆する際、筆者の太田牛一が、天正四年以後の既成概念に束縛されて、安土の名を溯及させた誤記でなければ、この記述は、信長の築城以前に安土の名が使用され、しかも城郭が築かれていたことを証する重要な史料となる。（『織田信長と安土城』、創元社、平成二年）

と述べる。ただし、秋田は、のちの安土城や京都でしか行なわれなかった相撲が、常楽寺で永禄一三年（元亀元）三月三日に行なわれた事実に注目することによって、信長の安土築城開始がその時点であったかもしれないと考えているから、そのかぎりにおいては、右の安土城の記事は、信長築城以前に安土の地名があった証拠とはならない。

「安土寺」はどこにあったのか

だが、少なくとも「安土寺」というものが、すでに一四世紀初頭に存在した証拠がある。それは、内閣文庫所蔵「大乗院文書」の「注進　正和二年（一三一三）豊浦御庄検注目銀（ママ）事」の中に見えている。この文書

は『鎌倉遺文』に二五〇四三号文書として収められており、その際には「豊浦御庄」に対して「大和高市郡」という『鎌倉遺文』編者の解釈が添えられているが、この解釈は失当《しっとう》で、今日の安土周辺にあった「豊浦荘《とゆら》」と見るべきである。なぜなら、同文書には、「八幡」「新宮」「若宮」「桑実鎮守」「観音寺」など、今日の安土町の上豊浦・下豊浦・常楽寺・桑実寺《くわのみでら》などの集落や観音寺山上にある社寺の名称と一致するものが、多数列記されているからである。加えて、横浜市立大学の今谷明の教示で知ったことだが、この近江豊浦荘が、長年、奈良興福寺の門跡である大乗院領であった事実も見落とせない。

筆者は、この文書の存在を、前記秋田の著書を通じて教えられた。問題は安土寺がどこに在ったかであるが、秋田は、

（文書に）寺院は計二十三カ寺記載されているが、そのほとんどは今日所在不明である。しかし、神社が安土町内に限定されることからすれば、これら寺院も、安土町内に所在していたと考えるべきであろう。豊浦庄という狭小な地域で二十三カ寺の一つである安土寺の所在を求めるとすれば、それは、のちに安土城が築城される安土山以外には考えられない。

としたうえで、その位置を、安土城跡大手口の「室町時代の石仏や五輪石塔が散乱している」江藤《えふじ》という小字の地点に推定している。しかし、この推定については、秋田自身も、

江藤山に下豊浦の墓地が営まれていたこと、山号を江藤山と称する下豊浦平井の称名寺が、かつ

てこの地に所在したと伝える以外に有力な地名もなく、ここに寺が存在していたという確たる証拠はない。

と控え目に語っていて、単に「安土山において、寺地を求めるとすれば」という前提で寺地らしいものを探求した結果にすぎないことを明言している。つまり異見をさしはさむ余地が充分にあるということである。そこで筆者はこれに「異」をとなえて、別地に安土寺の所在を考える。

小字「安土」

安土町の小字《こあざ》によると、大字《おおあざ》常楽寺の南につづく大字慈恩寺の浄厳院《じょうごんいん》とか誓要院を含む方二町（約二二〇メートル四方）の区域が、ほかならぬ小字「安土」なのである。この地こそ安土寺の所在したところと考えるべきではないか。安土という小字地名がそこに残るという事実は、安土寺がそこに在ったことを示す現在の段階で唯一の「証拠」と言ってよいのではないか。このことは、安土山の七《なな》曲《まがりばな》鼻地区に「九品寺《くほうじ》」の地名が残り、古瓦が出土することから、そこを先の「豊浦御庄検注目銀」に記載の九品寺の跡と考えた秋田の方法論と同じである。

このような見方で小字図を検討すると、大字下豊浦の南端、上豊浦との接点に「加賀」という小字が残ることに注目される。「豊浦御庄検注目銀」に「加賀寺」という名も見えるからである。さらに、大字慈恩寺の南隣りの大字中屋には、「東辻子《ずし》」「西辻子」という小字がある。ここは、あえて言えば、「豊浦御庄検注目銀」に、「図師」の得分としてあげられている「今（今田＝引用者）七反、開（開田）

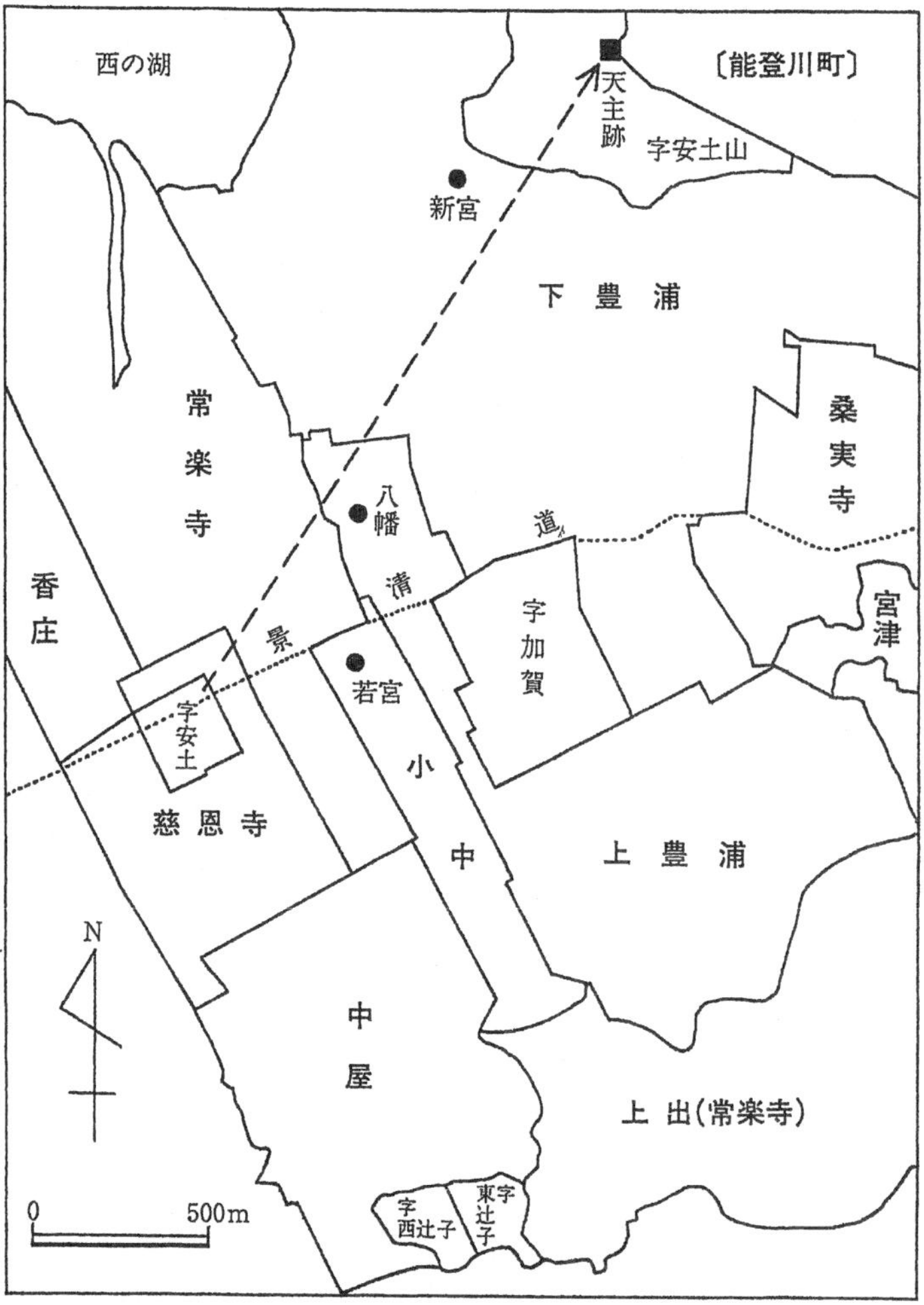

第９図　小字安土の位置
（安土町大字・小字図より作図、太字は大字名）

三反、公事《くじ》（公事除《よけ》）五反、内検（内検除）五反」、計二町歩の面積（約二〇〇アール）に近似する広さで、筆者は、その得分田が「東辻子」「西辻子」の位置に在ったと見ようとする。

地名は時代を特定できないから、史料として用いることに限界があり、不用意に用いると誤りを結果するが、一般的に言えば、中世地名が伝え残されるケースは少なくない。筆者は、正和二年（一三一三）の安土寺が小字「安土」に在った確率は、高いと見る。そして、元亀元年（一五七〇）の「安土城」は、この安土寺を城砦化したものと見るべきであろう。

「城」と「山」

再び慎重に『信長公記』を読み返すと、宇佐山の砦構築記事には、はっきりと「宇佐山拵」と「山」の字が入っている。が、安土城については、「安土城に中川八郎右衛門楯籠り」と記すのみであった。このときの安土城が「山」に在ったという証拠はないのである。これに対して、信長の安土経営を示す天正四年（一五七六）冒頭の記事は、「江州安土山御普請」であった。安土城と安土山の城は違う。これは大事なポイントである。

永原、長光寺、安土城と、「塞々に御人数残しをかせられ」たというその三城のうち、永原も長光寺も、平野の城砦であった。だから安土城も平城でなければならぬという論理は成り立たないが、長光寺は瓶割《かめわり》山の北を通過する中仙道を押さえ、安土寺地に設けられた安土城は、中仙道の北方約二キロメートルを並走するいわゆる「景清道《かげきよみち》」に接してこれを押さえているという〝呼応〟の関係は、注目してよいであろう（第10図）。そのうえ、信長はしばしば寺を城砦代わりに用いてきた。実際、堀をめぐらした大規模な寺院の構えは、にわかの城砦として機能しうるし、現に、小字「安土」は四周より一段高くなっており、塁や濠と思われる遺構もそこをとりまいて残る。元亀元年の安土城を、小字安土、すなわち安土寺地と見る考えは、いまや、かなり確からしく見える。しかもこの解釈は、『細川家記』の、

天正四年丙子正月、信長江州目賀田山を安土と改む。

という記載とも、完全に合致するのである。今日の安土山は、信長による安土城構築までは目賀田山であって、決して安土山ではなかった。

国土を安んじた

それでは、信長は新営の城と城下の名として、なぜこの「安土」という称を選んだのであろう。思うに、それは何と言ってもこの字面《じづら》の佳《よ》さであろう。あるいは、字面に彼が付与したであろう〝意味〟の大きさであろう。信長が地名の〝文字〟にこだわるタイプの人であったことは、「岐阜」を採用した一事で充分うかがわれる。自身にかかわりのある地名については、意外に神経質であったと、筆者は見る。秀吉が信長の一字をもらって今浜を「長浜」と改めたと伝えられる話は、その点で信用できる。

信長がそういうタイプの人であったということを前提にすると、安土の一帯にはその心を満たす佳

第10図　安土城と長光寺

字地名が、みごとなバランスで集積していたことに気づく。まず「豊浦」。これは豊饒な浜辺の意にほかならない。次に「常楽寺」、そして「安土」。想像の翼を広げすぎることになるかもしれないが、「豊浦」と「安土」の水陸面を踏まえて「常楽」の世界が展開する――三つの地名ないし寺名は、こうした構造を語っている、と信長は読んだのではないか。

問題は「安土」である。信長は、それらの地名群から、なぜ安土を選んだのであろうか。通説の一つに、「平安楽土」を希求した信長の願望にもとづいて命名されたとする解釈があるというが、筆者はあえて、少し異なるニュアンスの解釈をしたいと思う。それは安土に、「土《ど》を安んずる」という意があることにかかわる解釈である。

安土建設からさかのぼること八年の永禄一一年（一五六八）一〇月、上洛の宿願を果たした信長に、将軍義昭から次のような文言の感状が贈られた。

今度国々の凶徒ら、日を歴ず時を移さず、悉く退治せしむるの条、武勇天下第一也、当家再興之に過ぐべからず、弥《いよいよ》国家之安治偏《ひとえ》に憑《たのみ》入《い》るの外他なし、尚藤孝《（細川）》・惟政《（和田）》申すべく也

十月廿四日　御判

御父織田弾正忠殿

御追加

今度大忠に依り、紋桐・引両筋遣わし候、武功之力を受くべき祝儀也

十月廿四日　御判

御父織田弾正忠殿　（原文は漢文体）

ここに信長を「御父」と称し、殿の敬称を用いたことは、将軍義昭が最大の敬意を示したものと受けとられている。林屋辰三郎によると、桐は竹・鳳凰とともに元来皇室の専用した意匠で、それを前九年・後三年の役後、あるいは元弘の乱後に足利氏が賜って使用を許されることになった「当時としてはきわめて光栄ある紋章」であり、一方、二引両は古くからの足利の紋章で、信長はことに桐の紋を受けたことをおおいに喜んだが、肝心の前段、すなわち感状で、義昭から武勇天下第一と言われても、信長の意図したものは天下そのものであったから、いっこうにありがたいとは思わなかった、という（『天下一統』、日本の歴史一二、中央公論社、昭和四一年）。

たいへん飛躍するようであるが、天正四年（一五七六）を迎えて、目賀田山に壮大な城郭を新営し、そこを安土と呼ぶことにしたのは、八年前の〝感状〟で「国家之安治」をたのまれたことに対する、信長の、彼なりの〝回答〟だったのではないかと、筆者は思う。回答は将軍に対してではなく、自身に向かって出したのである。将軍はすでに滅亡に追い込んだ。つづいて、難敵朝倉とそれに与《くみ》した浅井を破り、四通八達の要地近江を掌中に収め、南西に光秀を、北東に秀吉を配して守備態勢は整った。

天正二年元日、朝倉義景および浅井久政・長政父子の、「薄濃《はくだみ》」（箔濃。漆塗りにしたものに金粉をかけたもの）にした首級を肴に酒宴を張ってから二年間は、おもに西は京都、東は美濃・尾張の外縁へ向けての作戦が、くり広げられた。美濃岩村（恵那郡岩村町）に進出した武田勝頼を攻め、きびすを返して大坂を攻めた。また、武田を迎え撃つために三河へ出陣し、さらに長島一揆を成敗した。再び大坂・堺方面を攻め、「大坂一城落去幾程あるべからず」（天正三年四月）、というところまで追い詰めて、一方においては長篠合戦に勝利して、徳川家康に三河・遠江の両国を与えた（同五月）。越前から加賀を攻めて一揆を制圧し、柴田勝家ほかに越前を与えた（八～九月）。丹後は一色に、丹波の要部は細川に与えて押さえさせている（九月）。そして一一月、岩村城をめぐる戦いで、武田軍に潰滅的な打撃を与えた。

今般菅九郎（信忠）比類なき御働きに付きて、（中略）秋田城介に任ぜられ、（中略）十一月廿八日、信長御家督秋田城介へ渡進ぜらる。

と『信長公記』は記す。武田軍との一戦で成長ぶりを見きわめた信長は、信忠に家督を譲ったのである。これより先、同月はじめには、信長が大納言兼右大将に任ぜられた。「これはだいたい幕府の将軍に相当する待遇だ」と、林屋辰三郎は説明する（『天下一統』）。その間、国々に「道を作るべきの旨」を命じ、また、勢田（大津市）の橋を架けさせた。

要するに、加賀・美濃・駿河から摂津・河内・伊勢・丹波にわたる国土の枢要部と言うべき大阪図をほぼ制し、みずからは将軍に比すべき地位を得て後継者たるべき子息の成長を見届けたのである。まだ強敵はあちこちに残ってはいるものの、すでに天下一統の道の、峠は越えた。安土山の普請は、このときに着手された。安土とは、「土を安んじたり」という意味ではなかったか。信長の立場に立って言えば、将軍義昭ごときのためにではなく、みずからのために、みずからの実力で「(国) 土を安んじたのだ」という、限りない自信と誇りが「安土」という呼称の選定に込められたのではないか――筆者にはそう思われてならない。

東奔西走の作戦行動中にしばしば立ち寄った常楽寺で、あるとき認知した「安土」という語が、信長の頭の中で、全国経略の過程の進行とともに、天下一統のイメージをひとことで表わす語となっていった。かくてこの語が、すでにこの章の前半で述べたように、坂本・長浜両城との相対的な関係のもとに、両者の中央、そして琵琶湖の中央を占める要点として選定されることになったに違いない「目賀田山」に移し、冠せられることになった。安土の経営は、信長の最終目的であったと断じて、誤らないであろう。

安土は信長の首都

本章末尾の略年表は、以上のことの傍証とする意図をもって作成したもので、信長が入洛した折の宿所・陣所を拾ってある。彼は決して京都に「本拠」「本城」というべき施設をつくろうとしなかった。永禄一二年(一五六九)に整えた城は足利将軍に提供するためのものであったし、将軍を滅ぼしたあと整備の手を加えた「二条殿御屋敷」(二条新造)も、完成とともに禁裏に寄進したのであって、このことは注目してよいと思う。そして彼は常に妙覚寺・相国寺・本能寺ほかの寺院を活用しつづけ

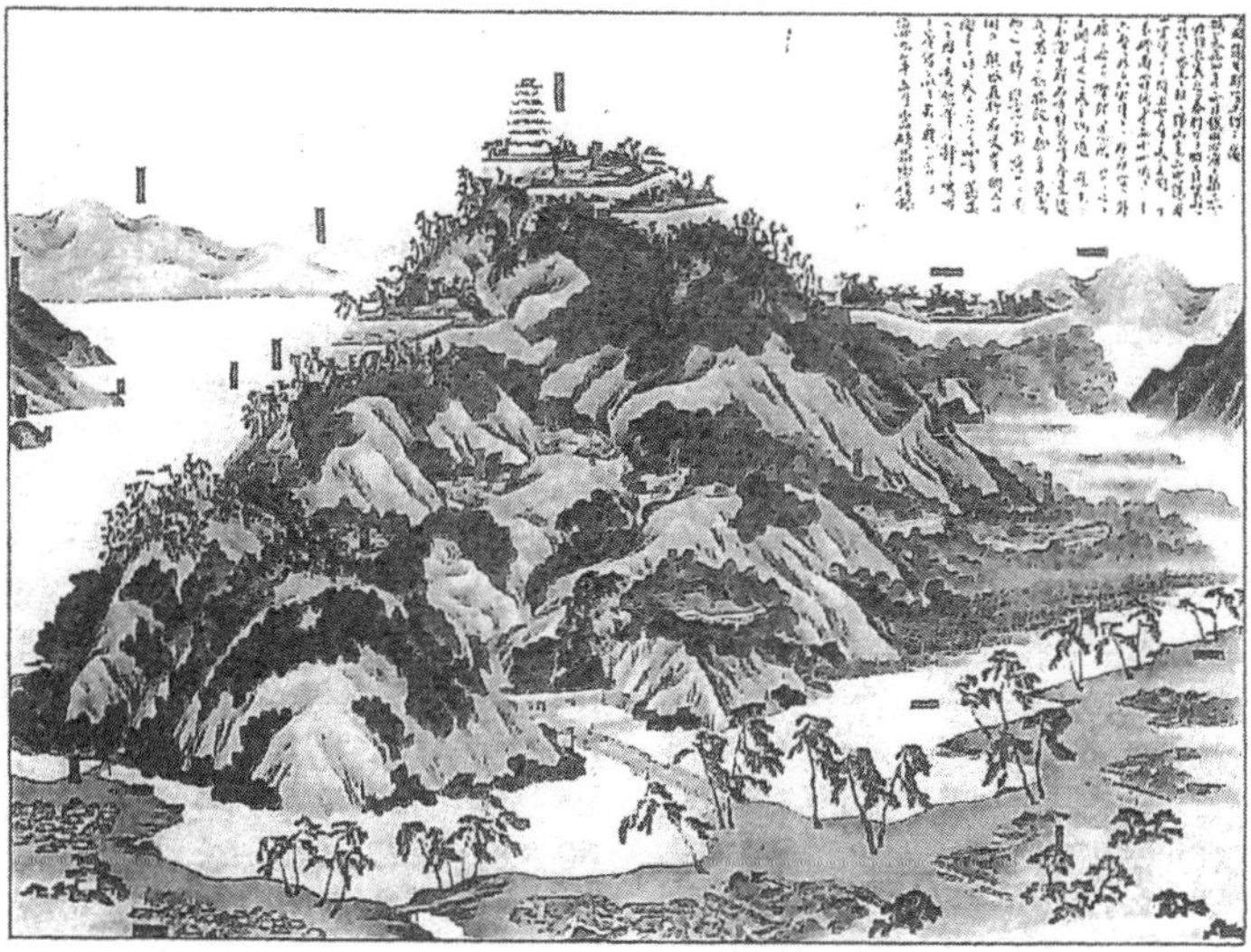

第11図　安土城（『近江蒲生郡安土城之図』大阪城天守閣）

ることに終始したのである。彼は京都に居座るつもりはなかった。

さらに、もう一つの小さい事実を付け加えておきたい。それは、彼が、版図の実質的な中心、言葉を換えれば事実上の首都として経略を始めた「安土」であるにもかかわらず、築城と城下町づくりを始めて二年も経過するのに、なお尾張（清洲）を動こうとしない家臣の家族がいた。天正六年（一五七八）正月、現代ふうに言えば単身赴任の弓衆福田与一の宿における失火の機をとらえて同類の弓衆・馬廻計一二〇人を「折檻」、彼らの尾張の私宅に放火して「取物《とるもの》も取敢へず、百廿人の女房共安土へ越し申し候」というふうに強制したのも、安土に対する信長の思い入れの深さを示す一つのエピソードに相違ない。

さて、いよいよ最後まで残してきた一つのことに触れるべきときがきたようである。それは、『信長公記』天正四年七月のところに記された「安土山御天主の次第」でうかがわれる、あの華美・壮麗を極めた天主の意味付けにほかならない。信長にとって、安土城天主とは、いったい、何だったのか。

天守でなく天主とした理由

これはすこぶる大きなテーマであり、綿密な史料検討に立脚して考えをめぐらさねばならないものと思うが、ここでは、あえて大胆な直感を述べてみたいと思う。

天守という名称は、すでに一六世紀中葉に確かめられるが（『国史大辞典』、吉川弘文館、「天守」の項）、信長はこれを天主としたのであり、そうであるならば、彼は特別の意味を表わそうとしたと考えねばなるまい。天主とは何か。

思うに、信長は自分自身を〝天主〟と位置付けたのではないか。キリスト教の天主あるいは仏教の天主（梵天・帝釈）にかかわる思想にもとづくという説、さらには、儒教的な天の思想を支柱として、天下一統の願い・精神を示したものが「天主」であるとする林屋辰三郎の見解（『天下一統』）などがあることを承知のうえで、なおかつ筆者は、信長が自分自身を天主と位置付けたのではないかと見る。信長は、摠見寺に、みずからの化身である「盆山《ぼんさん》」と呼ばれる石を置いて、自分の誕生日に、それを領内のあらゆる貴賤・老若に拝みにくるように命じたという、フロイス『日本史』の記事に、秋田裕毅は注目している。そして秋田は、キリストの生誕祭にも似たこの「破天荒な行為」をめぐって、信長の行動が、あまりにも斬新で独創的であるため、ややもするとヨーロッパの合理主義の影響を受けたのではないかと思いがちであるが、信長は、青年の頃から独自の合理主義的思想をもっており、このこともその延長で考えれば理解されるのではなかろうか。

筆者は、秋田の右の考え方と考証に、大いに関心をもつ。天主は、太極《たいきょく》（大極）や紫宸《ししん》に相当する位置付けのものとして信長が選んだ語ではないか。そうでなければ「唐様《からよう》」（『信長公記』天正四年四月朔日より、の条）を中心にしたとは言え、あの、ありとあらゆる〝世界〟をミックスして描かせた天主内装は理解できないのではないか。そしてまた、天主は、太極・紫宸に住む人に相当する者として自身に付与した呼称ではなかったか。

と述べている（『織田信長と安土城』）。加えて秋田は、五月一一日を信長の誕生日と推定し、着工後ほぼ三年をへた天正七年のその「吉日」に、信長の天主移徙《わたまし》が行なわれたことにも注目している。

『信長公記』の「御天主の次第」につづく、城をめぐる景観描写の末尾に、「花洛を移られ」とある。広大な版図の中央と言うべき位置に「安土」すなわち「土を安んじたり」の名を付して、かつそこに「花洛を移した」と広言してはばからない都城を営みえた。その文脈から言えば、信長が天主という語に付与ないし仮託しようとした意味を右のように読むことはそれほど不都合ではあるまい、と筆者は思う。安土は、上に天主をもち、「天主安土」となって〝完成〟したのではないか。制圧を終えた広い領域と、その中心に立つシンボルタワーとしての天主、あるいは、現実世界を荘厳する花冠にも似たメモリアルポール——これが、信長の描いた安土の構図だったのではないか。とすれば、ここは、信長の、終《つい》のすみかにほかならなかったと言わなければならないであろう。

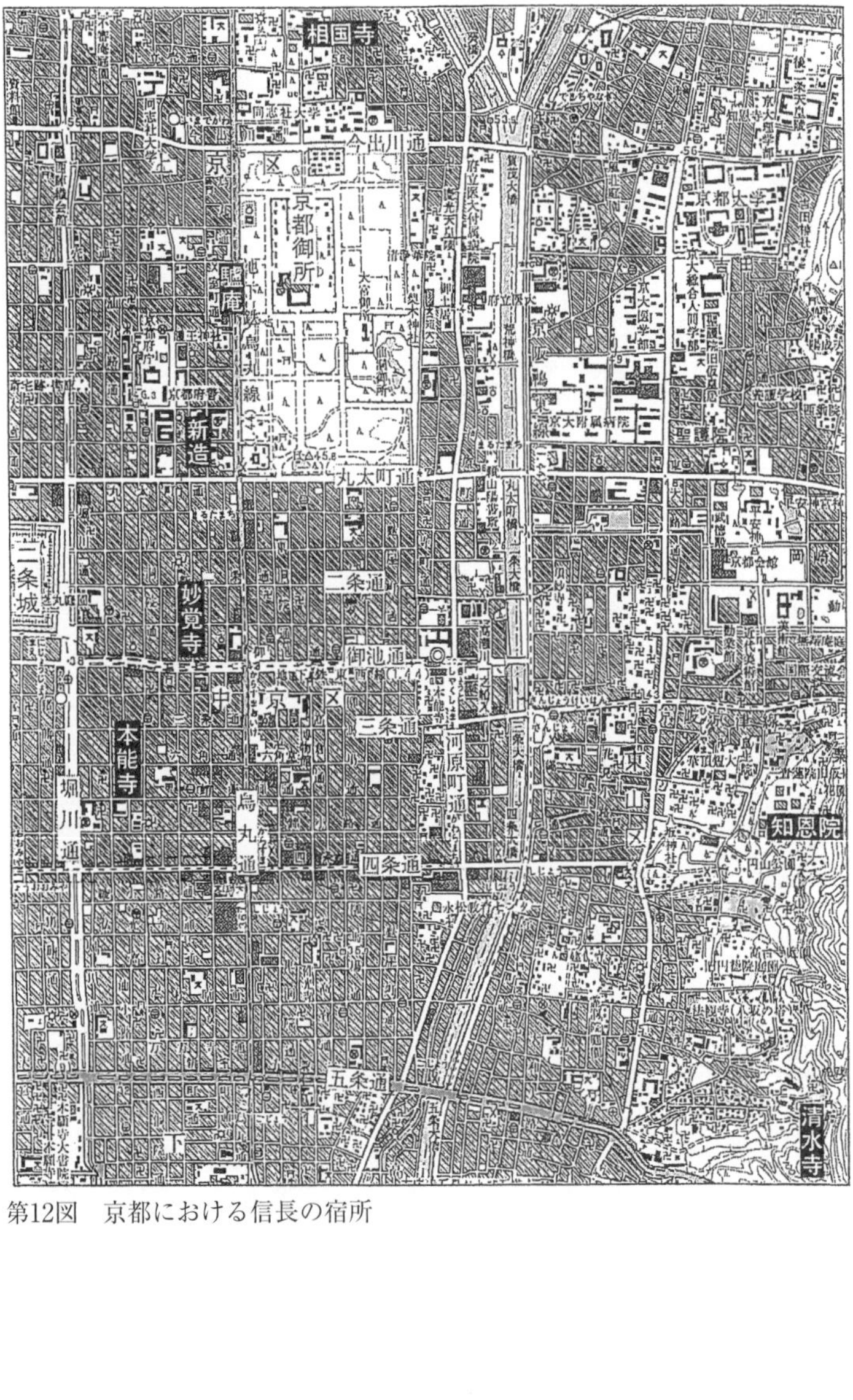

第12図　京都における信長の宿所

信長上洛時の宿所〔『信長公記』による〕

永禄　二年（一五五九）	二月	義輝と謁見。宿所不明。
永禄一一年（一五六八）	九月二八日	近江経由入洛、東福寺→摂津出陣。
永禄一一年	一〇月一四日	芥川より帰洛、清水寺（二二日参内）→美濃へ帰国。
永禄一二年（一五六九）	一月	岐阜より〔三好三人衆・龍興らの攻撃に対し大雪の中を〕入洛。宿所不明。「此已後御構これなく候ては如何の由候て、（中略）十四カ国の衆在洛候て、二条の古き御構、堀をひろげさせられ」と家臣が気を使ったのに、その御構を幕府へ与えてしまう。→五月一一日岐阜帰城。
	一〇月一一日	伊勢より千草峠越、入洛。四～五日在洛。宿所不明。一〇月一七日岐阜帰城。
元亀　元年（一五七〇）	三月　五日	常楽寺経由入洛。上京驢庵《ろあん》に寄宿。四月二〇日越前へ進発。→敗れて京都経由、五月二一日岐阜帰城。
	七月　六日	近江をへて入洛。宿所不明。→七月八日岐阜帰城。
	八月二三日	近江をへて入洛。下京本能寺陣宿。二五日河内へ出陣。
	九月二三日	大坂より帰洛。二四日本能寺を発ち、下阪本から叡山・越前軍を攻める。
元亀　二年（一五七一）	九月	【山内焼き打ち→光秀、坂本経略】

元亀　三年（一五七二）	三月一二日	近江をへて入洛。二条妙覚寺に寄宿。「細々《さいさい》御参洛の条、信長公御座所これなく候ては如何の由候て、上京むしやの小路にあき地の坊跡これあるを、御居住に相構へらるべきの旨」（『兼見卿記』によると、これは権大納言徳大寺公維の邸地）。三月二四日鍬始め。五月一九日岐阜帰城。
元亀　四年（一五七三）	三月二九日	近江をへて入洛。東山知恩院に居陣。将軍の「御構」を押さえ上京放火。いったん和議。四月七日近江へ。
	七月　七日	再入洛。二条妙覚寺に居陣。「御構」とりまく。七月一六日は真木嶋へ。
	七月二一日	三たび入洛。七月二六日近江へ。八月八日岐阜帰城。
	八月	【朝倉・浅井を倒す】
	一一月　四日	入洛。二条妙覚寺に寄宿。一二月二日岐阜へ。
天正　二年（一五七四）	春	【秀吉・今浜（長浜）経略】
	三月一七日	入洛。相国寺に（はじめて）寄宿。五月二八日岐阜へ（ただし『多聞院日記』によると五月一六日）。
天正　三年（一五七五）	三月　三日	近江をへて入洛。相国寺に寄宿。四月六日大坂・堺方面へ出陣。
	四月二一日	大坂方面より帰洛。寄宿先不明（相国寺か）。四月二七日、岐阜へ向かう。
	六月二七日	近江経由入洛。相国寺に寄宿。七月一五日岐阜へ向かう。

	一〇月一三日	近江経由入洛。二条妙覚寺に寄宿。一九日「信長其日清水へ御成り」（一日だけか）。一一月一四日岐阜へ向かう。
天正　四年（一五七六）	正月中旬	【安土山御普請】
	四月三〇日	入洛。妙覚寺に寄宿。「二条殿御屋敷、幸空間地にてこれあり。泉水・大庭眺望面白く思食《おぼしめ》させられ、御普請の様子条々村井長門守に仰付けらる」。五月五日大坂方面へ参陣。
	六月　六日	大坂若江より真木嶋経由帰洛。二条妙覚寺。翌七日安土へ帰城。
	一一月　四日	入洛。二条妙覚寺に寄宿。同月二五日安土帰城。
天正　五年（一五七七）	一月一四日	入洛。二条妙覚寺に寄宿。同月二五日安土帰城。
	二月　九日	入洛。二条妙覚寺に寄宿。一三日大坂→泉州方面へ出陣。
	三月二五日	若江から八幡経由帰洛。二条妙覚寺に寄宿。二七日安土帰城。
	七月　六日	入洛。「二条御新造へ御移徙」。一三日安土へ向かう。
	一一月一三日	入洛。二条新造。一八日参内《さんだい》。一二月三日安土帰城。
天正　六年（一五七八）	三月二三日	入洛。二条新造。四月二二日安土帰城。
	四月二七日	再入洛。二条新造か。五月二七日安土帰城。
	六月一〇日	入洛。二一日安土帰城。
	九月二四日	入洛。二条新造。二七日大坂方面へ出陣。
	一〇月　一日	住吉より帰洛。二条新造。六日安土帰城。
	一一月　三日	入洛。二条新造。九日摂津へ出陣。

天正　七年(一五七九)	一二月二一日	池田より帰洛。二五日安土帰城。
	二月一八日	入洛。二条新造。三月五日摂津へ出陣。
	五月　一日	池田より帰洛。三日安土帰城。
	九月一一日	入洛。二条新造。二一日摂津へ出陣。
	九月二八日	帰洛。二条新造。一〇月八日安土へ向かう(九日着)。
	一一月　四日	入洛。二条新造。「二条御新造の御普請造畢仕るに付いて、禁裡様へ御進上なさるる趣」。一六日、二条新造より妙覚寺へ移座。一二月一〇日山崎へ出陣。
	一二月一四日	山崎より帰洛。妙覚寺。一八日「二条新御所へ御参内」。一九日安土帰城。
天正　八年(一五八〇)	二月二一日	入洛。妙覚寺。二六日「本能寺へ御座を据《す》ゑさせらるべきの旨にて、御成りありて、御普請の様子村井春長軒に仰付けらる」。二七日山崎へ。
	三月　八日	帰洛。妙覚寺。一〇日安土帰城。
天正　九年(一五八一)	二月二〇日	入洛。本能寺。三月一〇日安土帰城。
天正一〇年(一五八二)	五月二九日	入洛。本能寺。

第三章　光秀、謀反の道——唐櫃越

本能寺の変

安土に拠点を置いて天下取りに邁進した信長だが、その最後はあまりにあっけなかった。天正一〇年（一五八二）、家臣の明智光秀の謀反により、本能寺において落命する。

当時、信長の当面の敵は中国の毛利氏であった。羽柴秀吉は備中高松城を水攻めにしていたが、毛利氏は高松城救援の軍を差し向けた。秀吉は信長に出陣を要請、信長はこれに応じて、明智光秀に中国進攻の先鋒を命じ、みずからはわずかの手勢をひきいて京都六角西洞院にあった本能寺に入り、嫡子信忠も妙覚寺に入る。悲劇はこうして始まった。

光秀は一万の兵をひきいて居城である丹波亀山（亀岡）を出発するが、備中へ向かうはずの軍勢は、「敵は本能寺にあり」と、突然、進路を東にとり、京都をめざす。

六月二日未明、突然、京都盆地に出現した軍勢は、本能寺、妙覚寺に殺到、信長は防戦につとめるが衆寡《しゅうか》敵せず、「是非に及ばず」のひとことを残して、火中に身を投じ、波瀾の生涯を終える。

以上は、あまりに有名な本能寺の変の顚末だが、信長を襲うとなれば、光秀の軍勢は、丹波亀山か

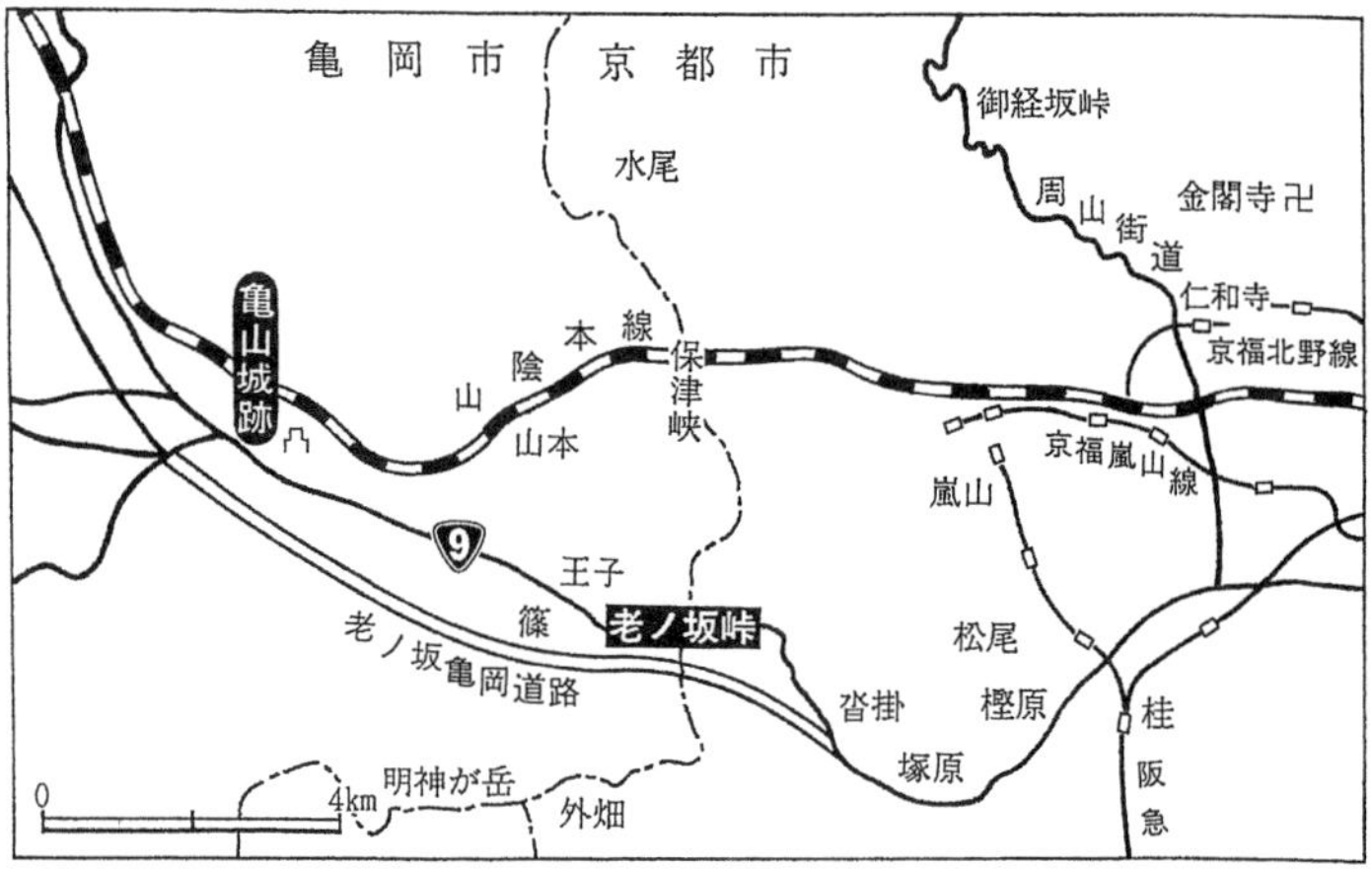

第13図　亀岡と京都

ら隠密裏に京都へ入らねばならない。一万の大軍が、いったいどこをどう通って、ひそかに京都へ入れたのか。

近世の「老ノ坂」

話はひとまず、近世に下る。第14図は、京都から放射する主要道路、特に近世地誌類に「○○街道（海道）」と見えるものを主として、そのほかの、意味の大きい道を拾い出して作成したものである。

塚原・沓掛・老《おい》ノ坂《さか》を通る道は山陰道であり、丹波街道とも呼ばれたが、丹波街道の名を有するものはほかにもあった。京都をとりまく「お土居《どい》」の北西隅、「長坂口」から出る山国街道も丹波街道と呼ばれることがあり、周山街道も丹波を指すという点では丹波街道の一つに相違なかった。しかし、京都盆地の西山陰《やまかげ》に展開する生産力の大きな亀岡盆地に直結するという点で、もっとも意味の大きい丹波街道は老ノ坂の道で

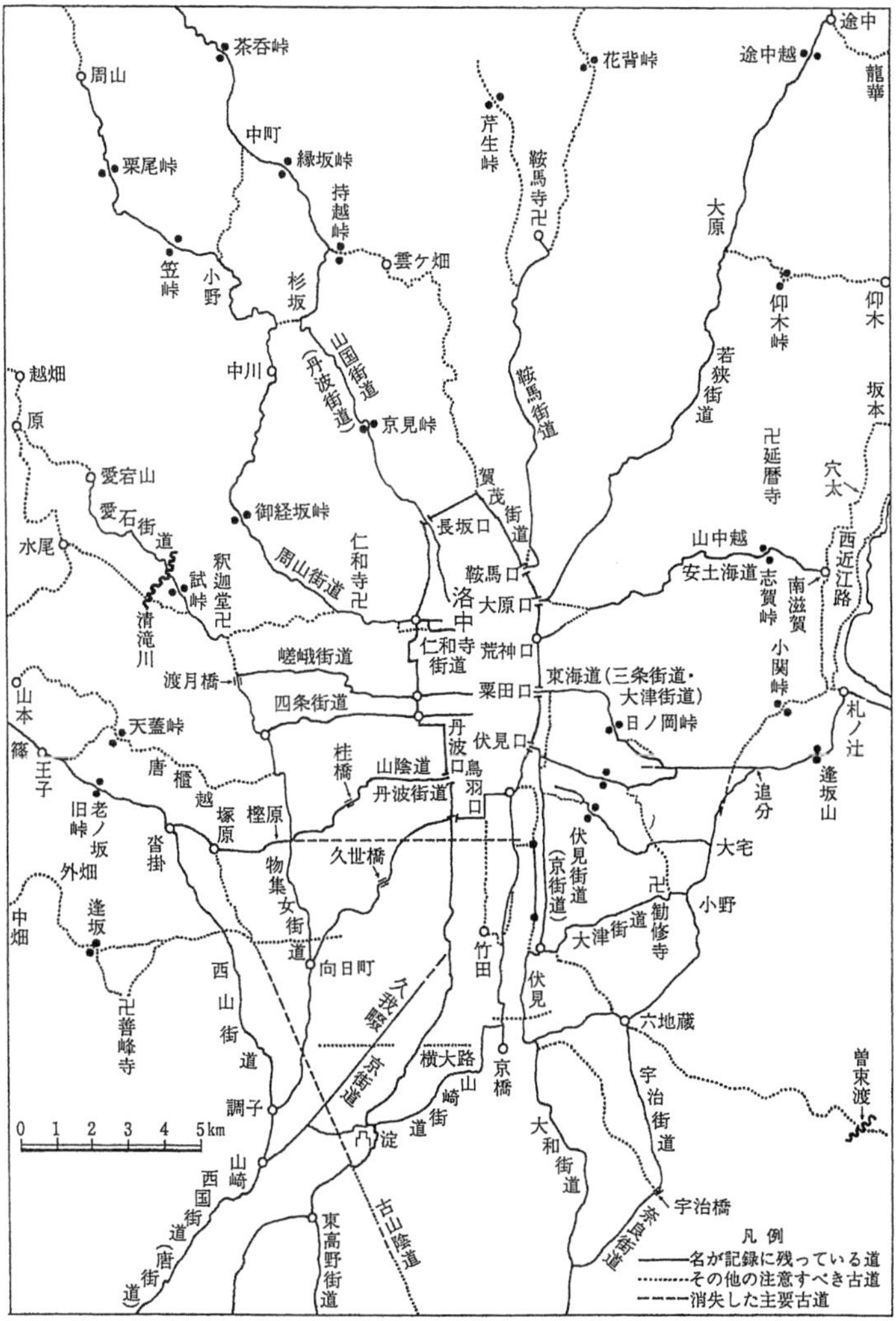

第14図　近世京都に求心する街道と唐櫃越

あり、これこそ、丹波街道の筆頭であった。

道筋については、平安京右京の衰微と都市域の縮小にともなって、京都から出たあたりが旧七条大路に短絡するものに変わったほかは、大きな変化もなく、中世をへて近世へと踏襲されてきたと思われる。

天明七年（一七八七）刊の『拾遺都名所図会』（巻三）所収の絵には老ノ坂の情景がたいへんよく活写されていて、興味深い。これより先、安永九年（一七八〇）刊の『都名所図会』の記す「大枝《おい》の坂」のありようは、「峠の西壱町ばかりに山城丹波国境の立石あり。此所民家多し。峠の里といふ。丹波国の産物を荷《にな》ひ運び売かふ市場なり」という繁昌ぶりであった。峠の集落は、大きな市場集落であったという。「峠地蔵」成立にかかわる物語にも、「市盛《いちもり》」を名とする長者が見える。峠の西側にあたる篠の一帯は、確認されたものだけで九七基におよぶ窯跡群から成る、奈良時代から平安時代の大窯業地帯であった（京都府埋蔵文化財調査研究センター『京都府遺跡調査報告書』一一、平成元年）から、峠集落の市場成立も、たとえばそれら窯業地帯に養われて、奈良時代までもさかのぼる歴史を有するのかもしれない。とすれば、行基が「大枝」に布施屋を設けた事蹟とも、またある種のかかわりが思い描けるのではあるまいか。市場で売買された丹波の物資が峠を下って京都盆地に運び込まれる「産業道路」のありようが、あざやかにイメージされるように思う。

すなわち、丹波と京都を結ぶ道と言えば、まず老ノ坂の道を想起すべきであり、これがメインルートであった。では、謀反のこころざしを抱いた光秀の軍勢が通ったのは、この道であっただろうか。そうではあるまい。この道はいわば本道であり、ひそかに隠密裏に軍勢が進む道ではないだろうと思う。

二つの「唐櫃越」

老ノ坂の道とほぼ並行する「唐櫃越《からとごえ》」に注目したい。

近世の地誌書が記すこの道の道筋は、二つある。

(1)『山城名跡巡行志』（第四）

唐櫃越　下山田ノ西ニ在ル山路也。今往還断絶シ、荊棘《いばら》遮ルトイヘドモ、路形尚存ス。此ノ坂路ヲ天蓋峠ト云ヒ、丹州皇子《(マヽ)》村ニ出ル。丹州国王子村ヨリ山城国谷村迄、一里二十九丁十七間。（一部送りがなを引用者補）

いま一つは、

(2)『京羽二重織留』（巻一）

唐櫃越　老いの坂の北より丹波保津村に出る所なり。此坂の峠に古松あり。所の者山の神と号して之を祭る。いにしへ普広院義教公（室町幕府六代将軍──引用者）ひそかに京師を遁れ、丹波に趣たまふ道なり。

である。『都名所図会』（巻四）にも記されているが、これは(1)と同じコースの間道と説いている。

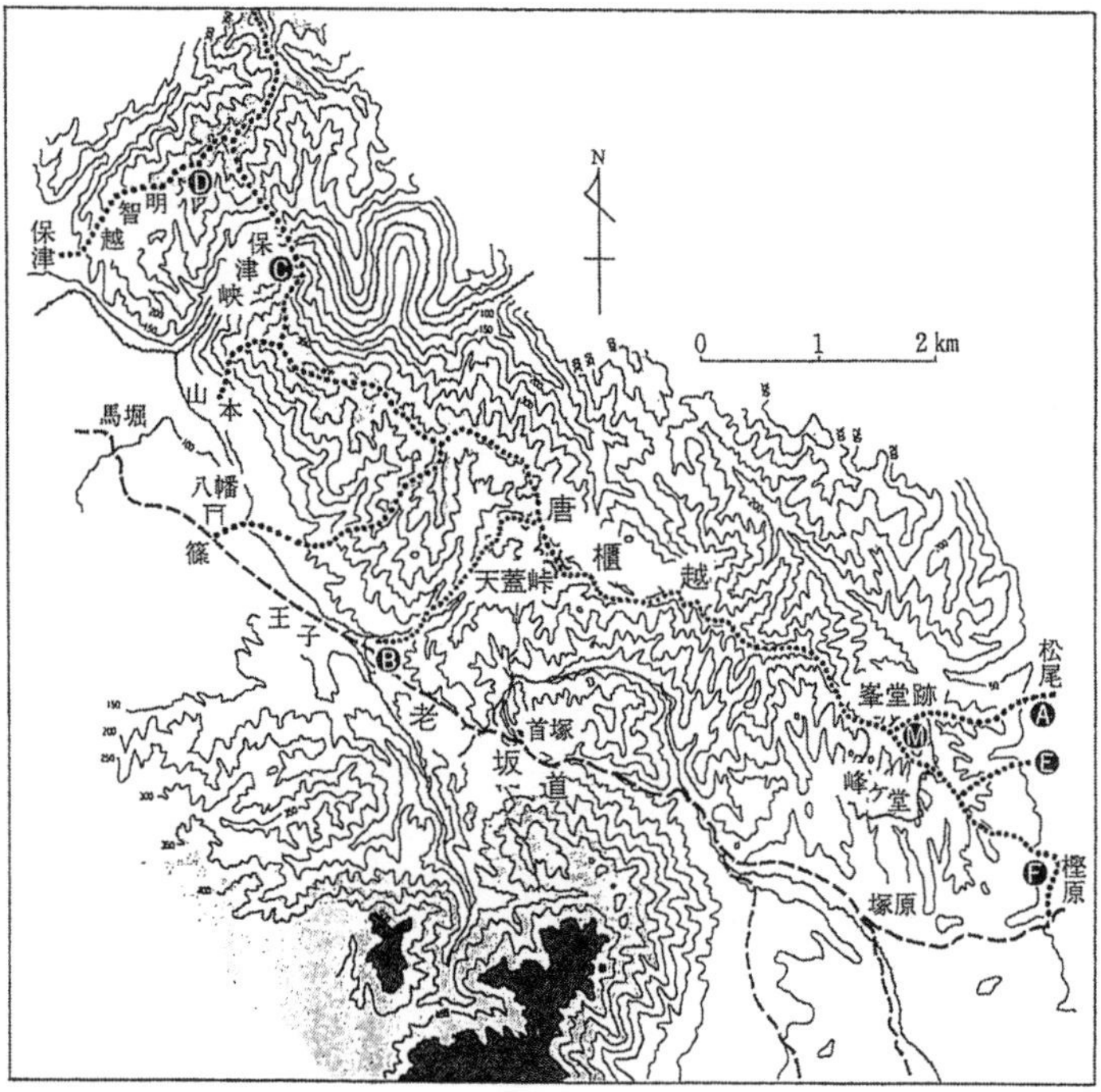

第15図　唐櫃越と地形（破線は老ノ坂道、点線は唐櫃越の道筋を示す）

第15図によって道筋を追跡すると、(1)のコースは、古く松尾谷村と呼ばれたところの今日の松尾集落西（A）から背後の尾根にとりつき、山城・丹波国境の天蓋峠で標高四二六メートルに達する稜線を縫って、王子集落東（B）へ下るものであった。

また、(2)の説くコースには、二つのコースが考えられる。

一つは、王子へ下らずに、稜線をそのまま北西にたどり、山本集落に下るコースである。

もう一つは、保津峡のC点に下って川を渡り、再び山地を上り、南西に下る道（D）で保津に到達するものであった。この道（D）が、のちに「明智越《あけちごえ》」と呼ばれるようになった道である。

次項で説明するような唐櫃越の道の性格から言えば、山本に下るよりは「明智越」経由の道こそが唐櫃越であったと見るほうが、適当なように思われる。

では、唐櫃越の道の性格とは何か。

史料に見える「唐櫃越」

史料上、もっとも早い唐櫃越の用例は、暦仁元年（一二三九）一二月二七日付、九条道家施入状の山城国乙訓郡物集《もずめ》庄の四至《しいし》記載の記事、すなわち物集庄の東西南北の範囲を記した文書であって、その中に「北限丹波路唐櫃越」とある（『京都府の地名』、平凡社、昭和五六年）。この記述は、道の利用状況を示すものでないから、道の性格などを推測するよすがとはならないが、この尾根道の成立が、そうとうに古いものであることはわかる。その意味で、この記事は見落とせない。

次には、建武三年（一三三六）九月の「阿保二郎左衛門請文」に、この道の名が見える。早くに『山城名勝志』（巻六）が引用した古文書で、

俣野中務ノ丞家高申ス。軍忠ノ間ノ事、丹州伊原ノ城ニ御座之時、最前ニ馳参《はせさん》シテ宿直ヲ致シ、御上洛ノ刻先立テ武田小三郎賀羅富津越《カラフツゴエ》ニ罷《まか》リ向カフノ間、代官小野ノ源太重綱ヲ差シ進メ、野伏等ヲ追散シ畢《おわ》ンヌ。

とある。

ここに「賀羅富津越」と記されたことによって、「唐櫃越」は、古く「カラヒツゴエ」と呼ばれ、しだいに「カラフツゴエ」「カラフトゴエ」「カラトゴエ」に転じたことが判明する。ところで、『山城名勝志』の著者は、なぜか、この「唐櫃越」を老ノ坂越の別名とし、その北に並走する嶺道のことではないと断じてしまっている。むろん、これはまちがいである。

『太平記』に見られる唐櫃越

唐櫃越利用のようすがもっともヴィヴィッドに描かれるのは、『太平記』においてである。まず、元弘三年（一三三三）四月二日、頭中将《とうのちゅうじょう》千種忠顕《ちくさただあき》らが、但馬へ流されていた聖護院静尊と思われる「若宮」を押し立て、篠村から出立して「西山ノ峯堂」に布陣したとの記事（巻八）がある。第15図に、小字「（御陵）峰ケ堂」の広がりと、峯堂跡の概略位置（M）を示した。では千種忠顕らは篠村を出て、どのようなルートをへて峯堂跡に布陣したのだろうか。つまり老ノ坂の道か、唐櫃越の

道か、である。

篠から老ノ坂を越え、樫原まで出て北西へとUターンをして山に登って峯堂跡に布陣することは、不可能ではない。しかし軍事行動であったことからすれば、そんな迂回をしたと無理に考えるよりも、唐櫃越の山道を南東へ行軍してきて、京都盆地を見下ろす尾根道の突端である峯堂跡に到達して本営を構えたと見るほうが自然であろうと思う。

この記事では、直接に「唐櫃越」の名称は明記されていないが、先学の指摘によれば、後述のように、『太平記』には「唐櫃越」の名称は三度登場する。そのことも合わせ考えれば、この千種忠顕の行軍の道も唐櫃越であったと考えてよかろう。

それでは、『太平記』に見える「唐櫃越」の記載を列記しよう。

第一は、延元元年（一三三六）七月で、このときは、京都東寺にあった足利尊氏軍を攻撃するため、新田義貞軍が「四方七ツノ道」を押さえてしまい、ために、

纔《わずか》ニ唐櫃越許《ばかり》アキタレバ、国々ノ運送道絶テ洛中ノ士卒兵粮《ひょうろう》ニ疲レタリ。

というありさまだったと記載される（巻一七）。

第二は、正平七年（一三五二）閏二月のことで、

千種少将顕経五百余騎ニテ、丹波路唐櫃越ヨリ押寄テ、西ノ七条ニ火ヲ上ル。

というふうに記され、京都急襲のために唐櫃越の道が利用されたことがわかる（巻三〇）。

第三は、正平一五年（一三六〇）七月、尊氏の息足利義詮の執事であった仁木《にっき》義長が攻められたときの描写で、

夜モ漸《ヤウヤウ》深行《フケユケ》バ、鵙目《モズメ》・寺戸ノ辺ニ、続松《タイマツ》二三万燃《トボ》シ連テ、次第ニ寄手ノ近付ク勢ヒ見ヘケレバ、義長角《カク》テハ叶ハジトヤ思ヒケン、舎弟弾正ノ少弼ヲバ、長坂ヲ経テ丹後ヘ落ス。猶子《イウシ》中務ノ少輔ヲバ、唐櫃越ヲ経テ丹波ヘ落ス。

とある（巻三五）。このときは、夜陰にまぎれての敗走路として唐櫃越が使われたことがわかる。

唐櫃越は隠れ道として使われた

このように見てくると、唐櫃越道の性格はおのずから明らかであろう。急襲といい、敗走といい、ともに人にさとられてはならない隠密裏の行動でなければならないようなときの、いわば、隠れ道であった。

道そのものの起源は、おそらくきわめて早い時期、たとえば平安京の成立期などよりももっとさかのぼるであろう。大和の吉野地方や、金剛・葛城の山中などで、稜線を縦横にたどる山の民の道路網が知られるようになってきたが、第15図に見られるとおり、それらと同種の存在であることをうかがわせるありようだからである。

しかしこの道は、中央権力の側が維持し利用するオフィシャルな道には、ついにならなかった。それは、あまりにも狭く険しい道であったし、それよりもはるかに通過の容易な峠道である老ノ坂が用

意されていたからである。したがって、おそらく権力の側は、通常この道の利用を容認しなかったであろう。しかし「戦時」は別である。戦時は実力をともなった意志のみがものをいう世界だからである。奇襲作戦と敗走のために、この隠れ道が大いに活用されたことを示す『太平記』の記載は、この意味で、はなはだ興味深い。もちろん、平時でも公道を通れない事情をもつ人間が少なくなかったと思われる。それらが通過しようとするときには、しかし公道の比ではない「野武士」の襲撃を覚悟しなければならなかった。それは先に引用した建武三年の史料に、「野伏等ヲ追散シ」とあることからもうかがえるとおりである。

縦断面図に見る唐櫃越の険しさ

第16図は、唐櫃越の険しさを確かめるために、老ノ坂と対比して作成した縦断面図である。松尾から天蓋峠をへて王子に下る唐櫃越の距離は七キロメートルあまり。これは『山城名跡巡行志』が記す距離一里二九丁一七間、約七・一キロメートルとほぼ符合する。第16図には稜線をさらに北西に走って山本集落に下るルートならびに、いったん山を下って保津峡を渡り、明智越につながるルートの、二つの唐櫃越も記してあり、さらに篠村八幡の前に下る道の縦断面も描いてみた。それは、『太平記』などに、元弘三年（一三三三）、足利高氏が六波羅攻めの挙兵にあたって、この篠村八幡宮に祈願したことが記されていて、当社と軍事行動のかかわりの深さに注目されるからである。

ともあれ、第16図を一見すれば、老ノ坂に比し、唐櫃越がはるかに険しい道であったことが明らか

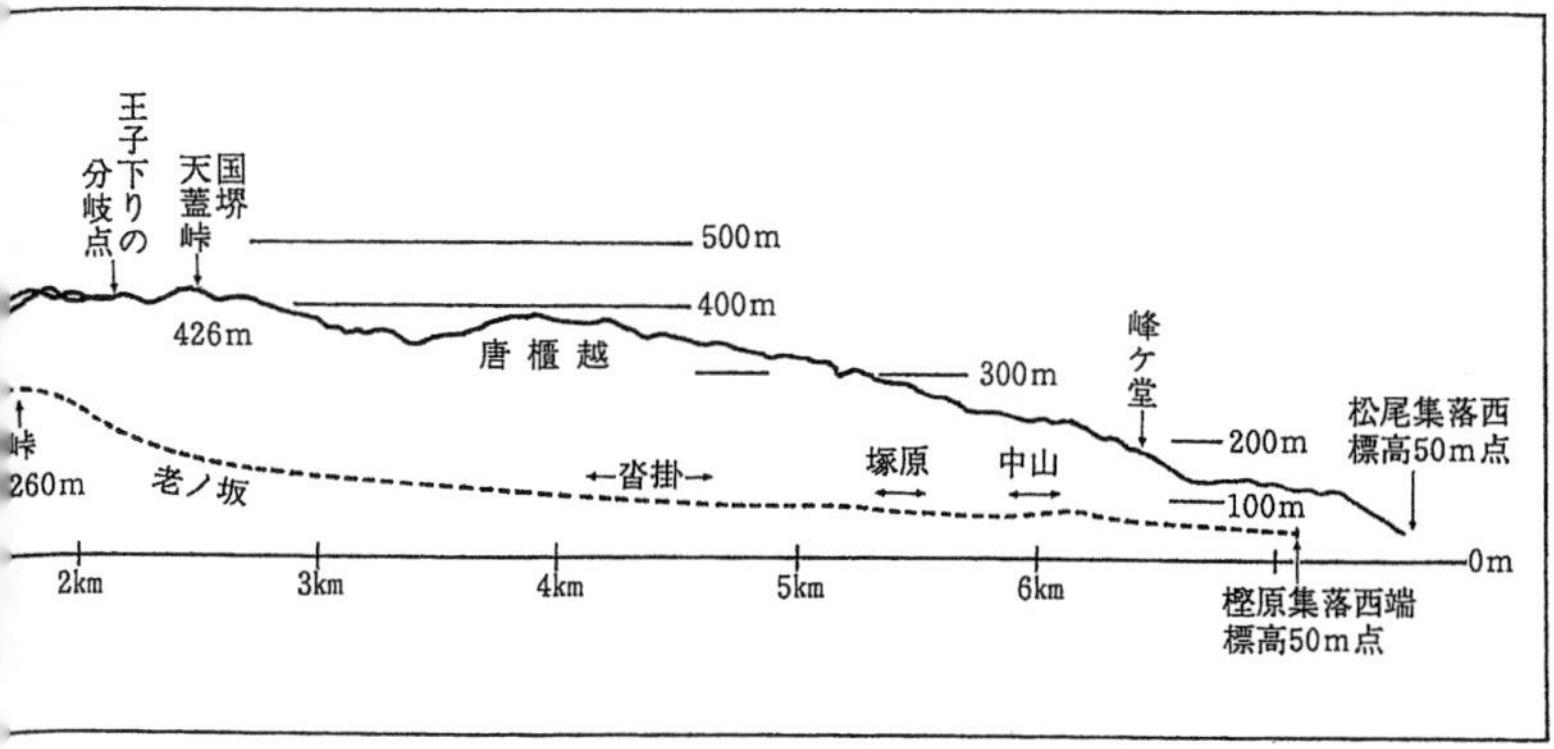

である。その急な上り下りの坂道は、とうてい「車」類の使用を許す道ではなく、したがって、先に引用した『太平記』の記事に見るように、この道のみが確保され、開かれていても、「洛中ノ士卒」の「兵粮」補給がかなう条件とはならなかったことが、よく了解されるのである。

では、唐櫃越というユニークな名称はどこからきたのだろうか。「唐櫃」はひとことで言えば「足の付いた櫃《ひつ》」のことである。

さて、縦断面図に再び注目していただきたい。三〇〇〜四〇〇メートル台の稜線区間が比較的起伏が小さく平坦な感じがあるのに対して、両端部の上り下りがきわめて険しい事実は、それだけで「箱」の側面をよじ上り、平頂部をへたのち再び側面をかけ下りる姿をほうふつさせるが、それだけで「唐櫃」が道の名にとりあげられたとも思えない。

「唐櫃」という言葉を辞典で引くと、

足のついた櫃。外反《そとぞ》りの足が各面に一本ずつの四本、ま

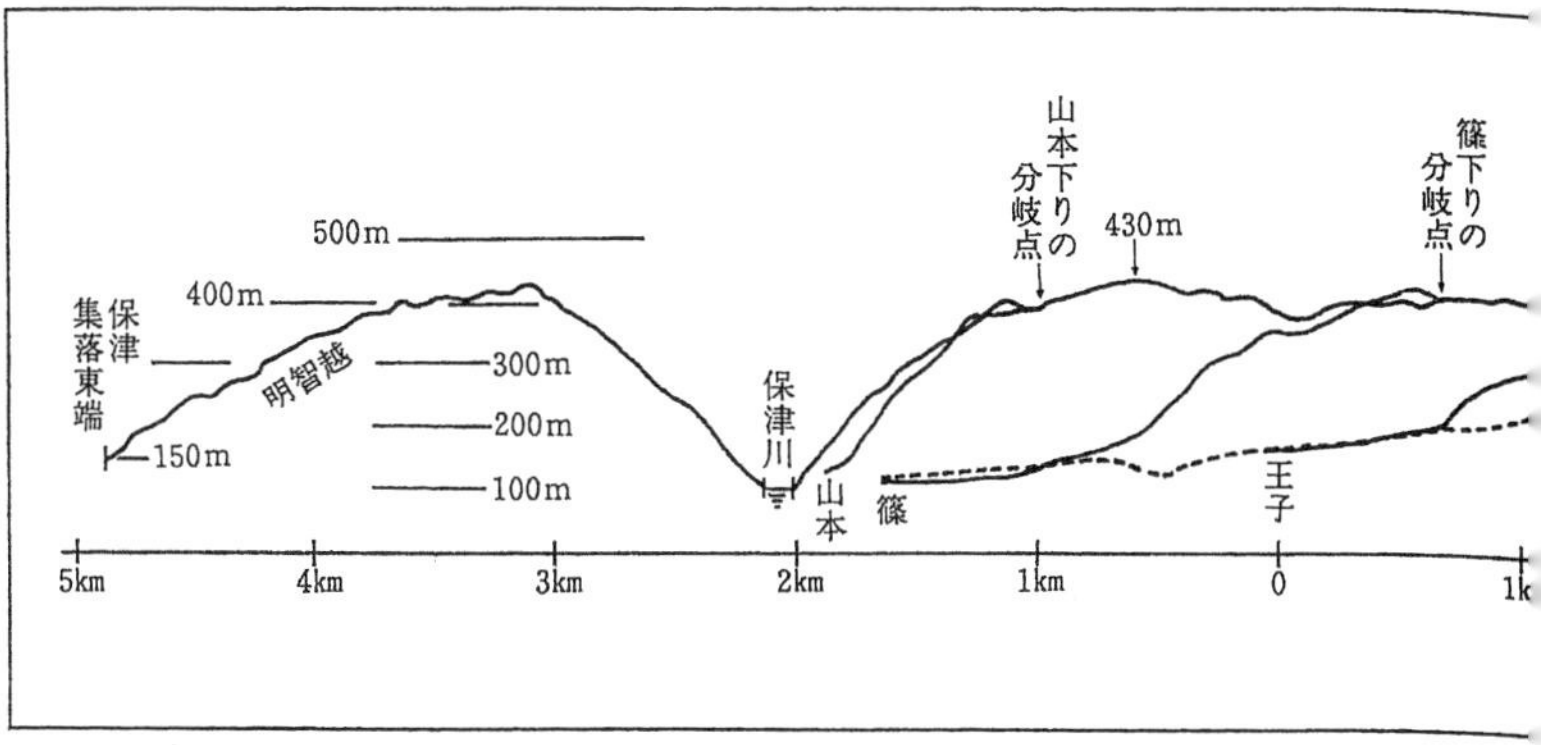

第16図　唐櫃越と老ノ坂の曲線縦断面比較

たは、前後に二本ずつ、左右に一本ずつの六本あるのが普通（下略）。

とある、ここに「外反りの足」とあり、それが櫃の外面に貼り付いていることに注目すべきではないかというのが、筆者の直感であった。

第15図にもどって、Aから上る場合はもとより、仮にE、Fから上る場合を想定しても、また、Bに下る場合も、山本に下りあるいはCに下る場合も、篠村八幡社前に下る場合も、ともに、ほとんど平地に下りきるまで、ほぼ例外なしに尾根筋がたどられている。このことが、この山道を唐櫃の足になぞらえて把握させる契機になったのではあるまいか、と筆者は考えた。

くり返すと、平地から、尾根を上って頂上部に至り、そのまま平行に尾根伝いに進み、また尾根伝いで下る移動線を縦断面でとらえれば、唐櫃を外反りの足も含めて横からながめたイメージに近い。これが「唐櫃越」の名前の由来と考えた

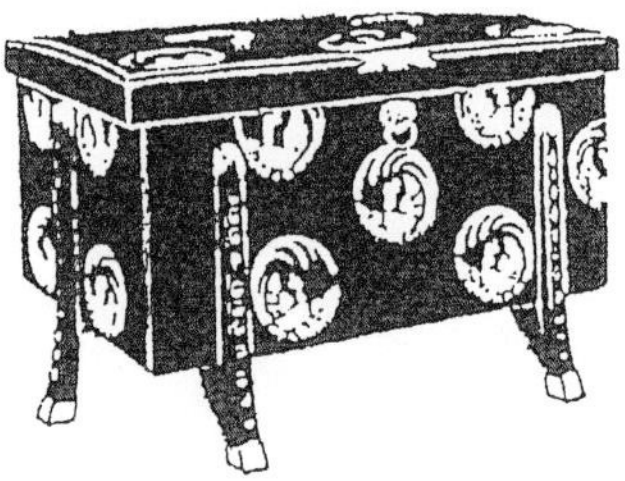
第17図　唐櫃

わけである（第17図）。

実は、京都周辺に「唐櫃越」という道がもう一つある。たとえば『東北歴覧之記』によれば、

（前略）一乗寺村ニ至ル。是ヨリ叡山無動寺ヘ直ニ越ル道アリ。至《いたっ》テ嶮隘《けんあい》ナリ。コレヲ唐櫃越ト云フ。

とある。

このケースもまた一乗寺裏山の尾根にいきなりとりついて、いわば「直登」する道筋であり、先の推量との共通点がある。

「唐櫃越」とは、このように道が尾根筋をたどるところの地形と「唐櫃」の形態的特徴の重なりによって生じた名ではあるまいか、というのが一つの解釈である。

しかし、実は本稿の概略をまとめたあと、唐櫃越を踏査してみると、地図作業をもとに導いた、以上のような解釈が、必ずしも自身を納得させてくれないことに気づいた。そしてもう一つの解釈ができそうで、そちらのほうが正解の可能性が大きそうに思われるようになった。

唐櫃で運ぶしかないほど「狭い」

実際に踏査してみると、この尾根道は、まさに一人ずつ縦列でたどらなければ通れない、狭い「やせ尾根」であることが実見できた。ここから生まれた解釈は、唐櫃を前後の二人が肩に負って物を運ぶのがせいいっぱい、それ以上の有効な運送手段がない道、ということではないか。

この第二の解釈に、いまは私見が傾いていることを記しておきたい。

地名辞書類の説明では、しばしば、「古墳出土の石棺（唐櫃）の意による」あるいは「石棺の多かったことから名付けられた」などとあり、腑に落ちないために、あえて大胆な私見を述べてみたしだいである。

唐櫃越は光秀謀反の道？

丹波から京都へ入るには、老ノ坂の道がいわば公道であり、これに対して唐櫃越の道は古来、隠れ道としての性格をもっていたことを述べた。また、唐櫃越の名前の由来を考察したが、唐櫃越は尾根伝いに「直登」する道、あるいは唐櫃で荷を運ぶしかないほど狭い道、などの解釈を提示した。

以上のような唐櫃越の性格を考えると、明智光秀がこの道を通って本能寺の変をなしとげたという解釈が巷間にあると聞くが、その流説はおそらく真説であろう。まったく突然、京都盆地に軍勢がなだれ込むという状況をつくり出すことができる数少ない道の一つがこの道で、かつ「明智越」と呼ばれる隠れ道とも、よく首尾をつらねるからである。

それればかりではなく、松尾のあたりでは、「唐櫃越」を「明智越」と呼んできたという話も、耳にする。

明智軍勢を本能寺へ導いた道

光秀による信長急襲の行軍は、「老ノ坂をへるものであった」というのが通説であることを、筆者は知らないわけではない。現に筆者がたびたび引用し依拠してきた『信長公記』にも、中国地方への出陣を命じられて丹波亀山（京都府亀岡市）を出立する光秀軍の動きについて、

六月朔日夜に入り、丹波国亀山にて維任日向守光秀逆心を企て、明智左馬助・明智次右衛門・藤田伝五・斎藤内蔵佐・是等として談合を相究め、信長を討果し、天下の主となるべき調儀を究め、亀山より中国へは三草越えを仕候。爰を引返し、東向きに馬の首を並べ、老の山へ上り、山崎より摂津国地を出勢すべきの旨、諸卒に申触れ、談合の者共に先手を申し付け、六月朔日夜に入り、老の山へ上り、右へ行く道は山崎天神馬場、摂津国皆道《かいどう》なり。左へ下れば京へ出る道なり。爰を左へ下り、桂川打越し、漸く夜も明方にまかりなり候。

と明記している。通説は、一口で言えばこの記事にもとづいている。『信長公記』が同時代の武士・太田牛一によって記された「すぐれた伝記的記録」という評価を得ていて、しかも歴史学が信頼に値する文字記録を第一の史料とする学問である以上、この通説には疑問を抱く余地などまったくないように見える。

しかし、こと本能寺の変前夜のこの記事に関するかぎり、はたしてそういう見方、そういう史料利用で済ませてしまってよいものかどうか。周知のとおり、光秀あるいは明智軍はいわゆる三日天下で

あった。中国筋からとって返した秀吉軍に蹴散らされて、光秀とその軍団はあっという間に崩壊した。光秀軍の中で比較的高い地位にいた者で生き延びた者がいないわけではないだろう。しかし、そうした武士にかぎらず、光秀軍がどのようにして本能寺にアプローチしたかを、体験者として語れる状況が、秀吉政権下ではたしてありえたかどうか。きわめて常識的に考えて、そんなことができるわけがなかっただろうと筆者は思う。もしそんなことを言ったなら、その人は主君に反逆した集団の一味という烙印を捺され、たちどころに抹殺される運命になることぐらい、知らないはずはなかったであろう。生き延びた当事者と目撃者は、「貝」になり、「知らぬ顔の半兵衛」を決め込んだに違いないのである。そういう古今の生き方の常識に立って、筆者は『信長公記』のこの部分の記載を、巷間に流布した「物知り顔」の憶測ないし観測を拾ったものと見る。

　この種の「史料に残りにくい」隠密作戦行動にかかわることがらについては、むしろ現地にひそかに伝えられてきた伝承に、もっと目配りしてよいと思う。たとえば、亀岡の東の保津から東の山に上る尾根道に、いまに至るまで「明智越」の名が伝え残されてきたのはなぜか、同じく、京都西郊の松尾から山に入る唐櫃越も「明智越」の名をもつことが、地元にひそかに伝えられてきたのはなぜかを考える必要がある。このうち、保津から山に入る「明智越」は、愛宕山に参籠して著名な百韻の連歌会を行なったことにからめて説明される。それは特に不都合とは言えないが、しかしよくよく考えてみると、愛宕山に「登る」道に「越え」という表現を使うのは少し妙な気もするではないか。そのことへの「引っ掛かり」から、筆者は、明智の軍勢が保津から山道に入って「姿」を隠し、いったん保津峡に下ってそこでは物音が漏れないように「鞭声粛々と」川を渡って、再び尾根に上り松尾に下る唐櫃越を行軍する策を選んだことこそ、突然軍勢を京都盆地に湧き出させて本能寺急襲を成功させえたただ一つの道であったと考えるようになった。尾根道は、音が谷筋の街道や村々に漏れない。隠密作戦にはたいへん都合のよい道なのである。また、愛宕山で百韻の連歌会を催したというのはカムフラージュであって、実はその間に尾根道の綿密な調べが行なわれたものと解釈すべきであろう。

唐櫃越はすでに述べたように一列縦隊で進むしかない狭い尾根道だから、万単位の軍勢の移動にはずいぶん時間を要したと思われるが、筆者が学生諸君とともに歩いた経験では、日が暮れて出発し明け方京都盆地に出ることは充分可能と判断できた。「わが敵は本能寺」と全軍に号令したとすれば、その場所は京都を前方に見下ろす松尾の背後の高台「峯ケ堂」であったに相違ない。少しのちの時代に作られたという『川角太閤記』に、

（光秀軍が）老の坂へかゝり、谷のとう（堂）、峯のとう（堂）を打ちすぎて、くつかけ（沓掛）の在所にて、各兵粮をつかひ申すべく候。

と見える、場所の相互関係が混乱した記載（第18図参照）の中に、老ノ坂—沓掛ルートとは違う「峯の堂」「谷の堂」一帯から湧き出すように盆地になだれ下った軍勢の実像がかいま見えると言えば、言いすぎであろうか。

なお、当時、本能寺は京都市外の西縁にあった。松尾に下った明智軍のその後の行動は、桂川の渡河を含めて一気呵成であったはずである。いったん全軍の姿を現した以上、通説のように桂川を「鞭

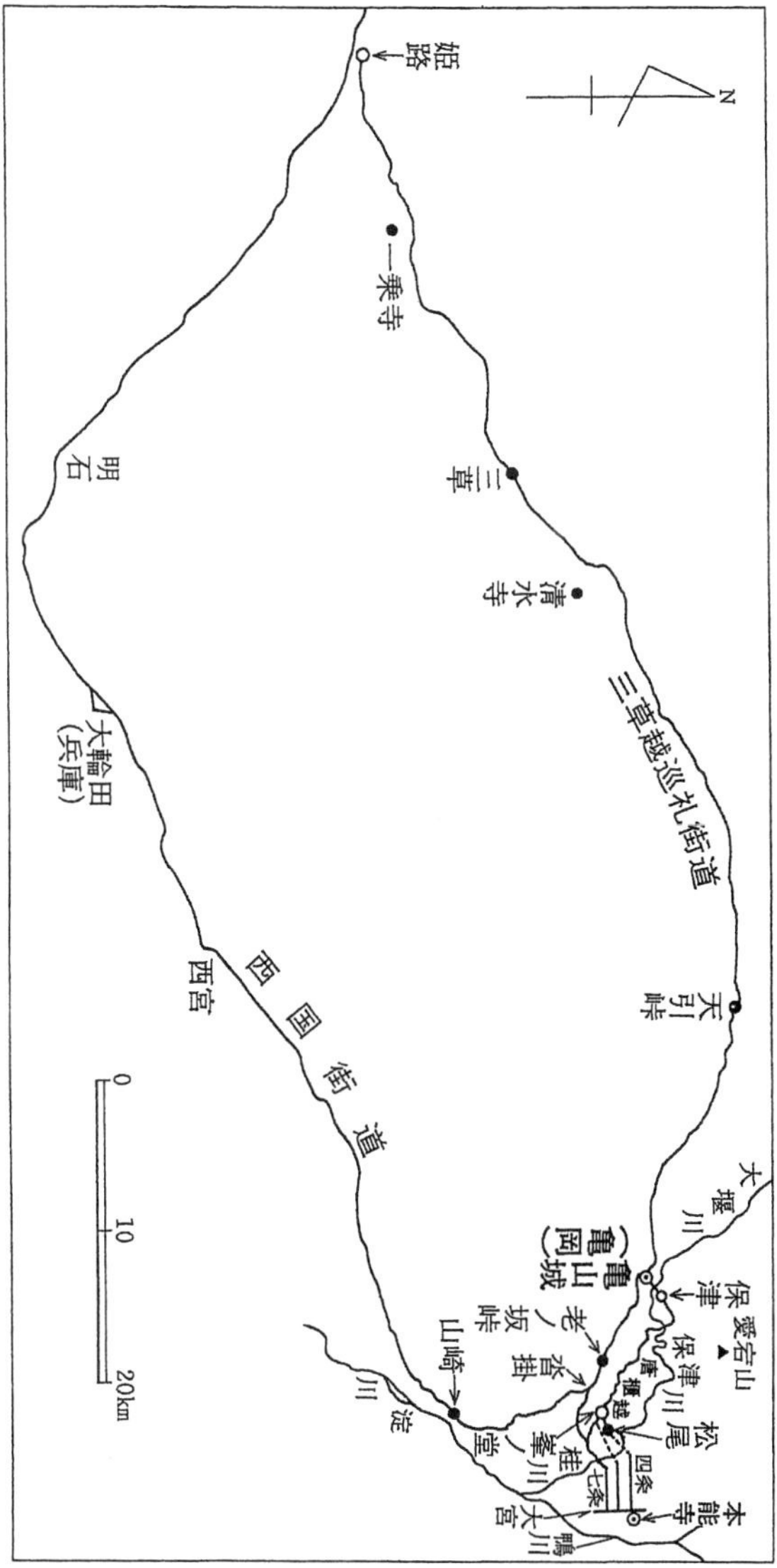

第18図　亀岡から中国筋に向かうルート

声粛々と」渡河する意味はまったくなかった。あとはいかに迅速に本能寺を囲むかだけの勝負であったと考える。

右の引用文にあるとおり、亀岡から中国筋に向かうには「三草越」が合理的な最短距離である。その道は第18図に示すとおり、亀岡からすぐ西を指し、天引峠、篠山盆地南辺、兵庫県加東郡社町三草をへて姫路に向かうもので、清水寺、一乗寺など「西国三十三番札所」をつなぐ古来の巡礼道であった。その道をとらず、東を指して老ノ坂方向に軍勢が向かったとすれば、たとい峠の東下の「沓掛から右に行けば山崎で、そこを回って中国へ向かう」などという「弁明」を用意していたとしても、「沿道」に疑念を抱かせ、信長のとどまる本能寺にその疑念が伝わる危険が大きい。文字どおり命をかけた光秀（軍）がそんな不用意な行動をとったとは、筆者にはどうしても考えにくいのである。この点からも、やはり唐櫃越に注目せざるをえない。

秀吉編

第四章　聚楽第とお土居—秀吉の京都城下町構想

一　信長・秀吉はいかに京都を城下町に変えたか

京都を城下町に変えた第一歩は織田信長—二条城造営

永禄一二年（一五六九）は、京都が城下町への第一歩を踏み出した年として、記憶に値する。すなわちこの年二月二日、織田信長は、将軍足利義昭のために、二条城の造営に着手したのである。信長の二条城の位置は、勘解由小路（現下立売通）南、春日小路（現丸太町通）北、烏丸通西、新町通東、の方二町である（第1図）。

またそのありさまは、ルイス・フロイスによって書きとめられたところによると、

外には甚だ大なる堀を造り、之に水を満し、家鴨及び諸種の鳥を入れ、釣橋を架し、石垣の高さ六、七ブラサ、厚さは各所建築の必要に応じ、六、七、八ブラサなり。三ケ所に甚だ大なる門を設け、一切の設備をなしたり。内部の整備の巧妙にして美麗なること言語に絶せり。

という[注1]。

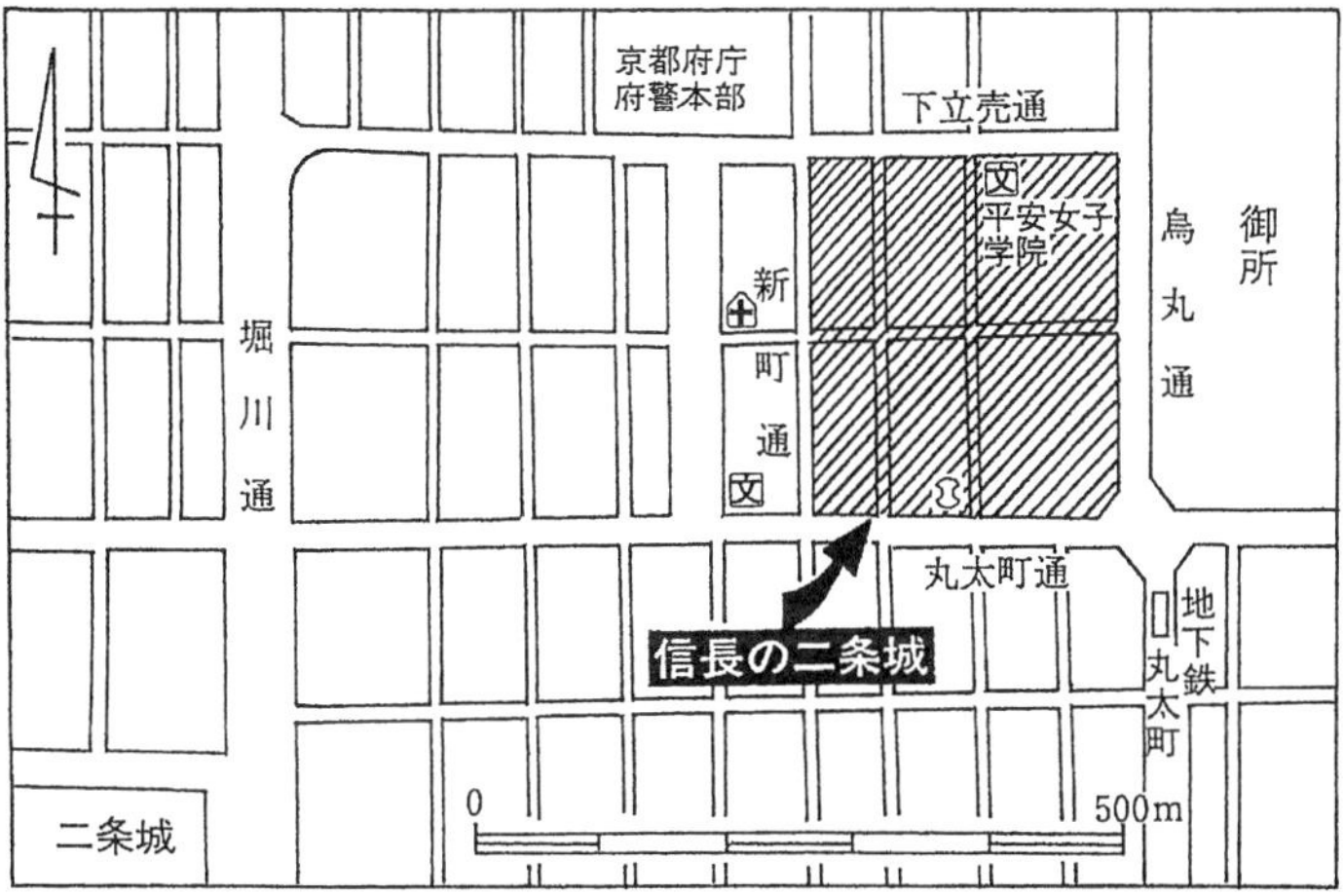

第１図　信長の二条城

この遺構の一部が地下鉄烏丸線建設工事の際に見つかり、石垣の石材の中に、自然石にまじって石仏、石碑、礎石の類が数多く見られた。[注2] この事実は、フロイスの次のような記述を裏付けたものとして記憶に新しい。

多数の石像を倒し、頸《くび》に縄を付けて、工事場に引かしめたれば、都の人偶像を尊崇すること大にして、異常の恐怖を懐きたり。

その信長の二条城の位置を地図上にのせると、第2図のようになる。一見して、この時期に存在していた上京と下京の町家《まちや》地区のちょうど中間を占めることがわかる。

築城に際しての、右に記したような乱暴な処置は、まさに京の中央に、名目上は義昭のものとは言え、実際上はみずからの権威の具象を構えて、その機を利用して行なった市中恫喝《どうかつ》の、そしてそれはすなわ

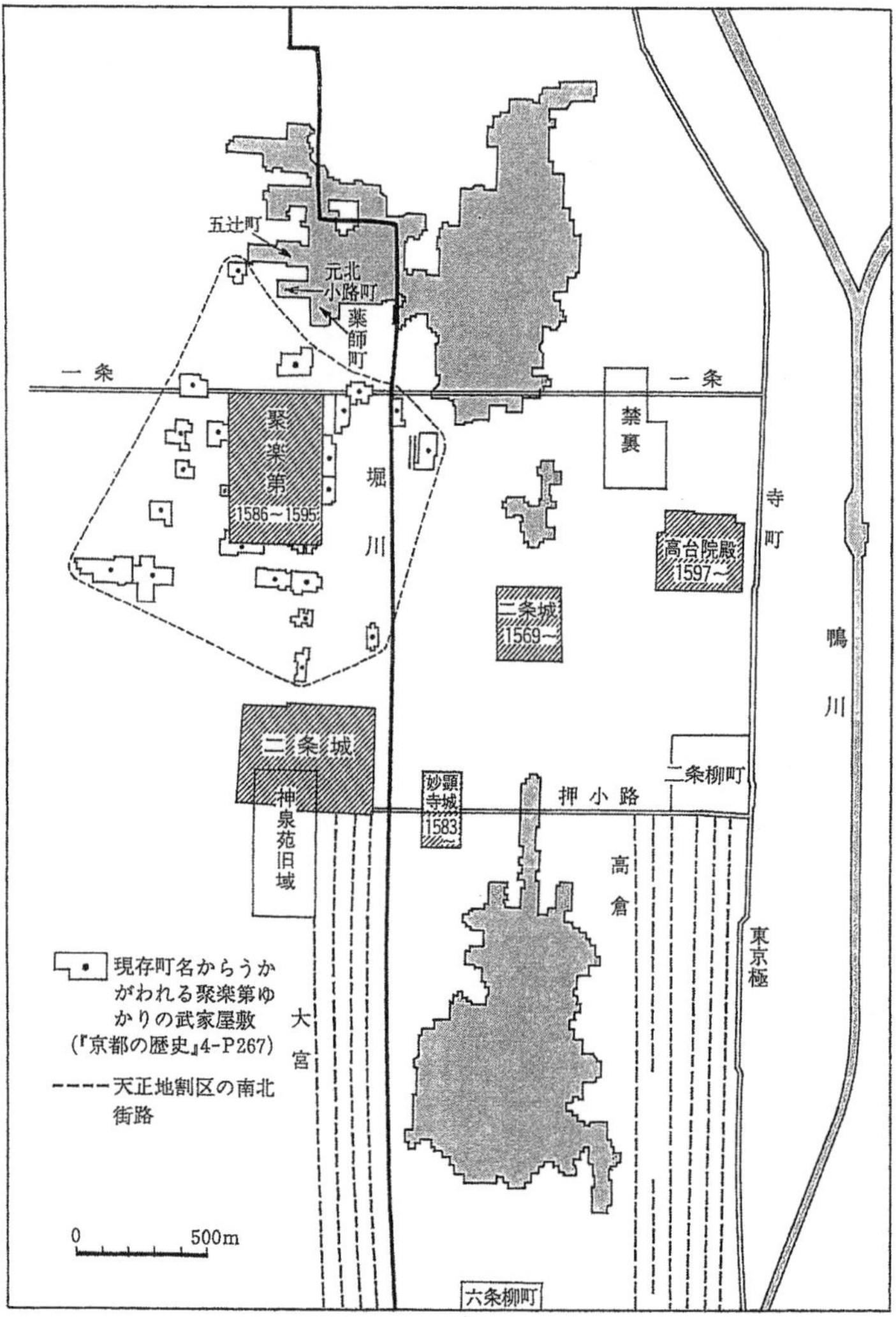

第2図　京都の「城」と城下「町」の関係

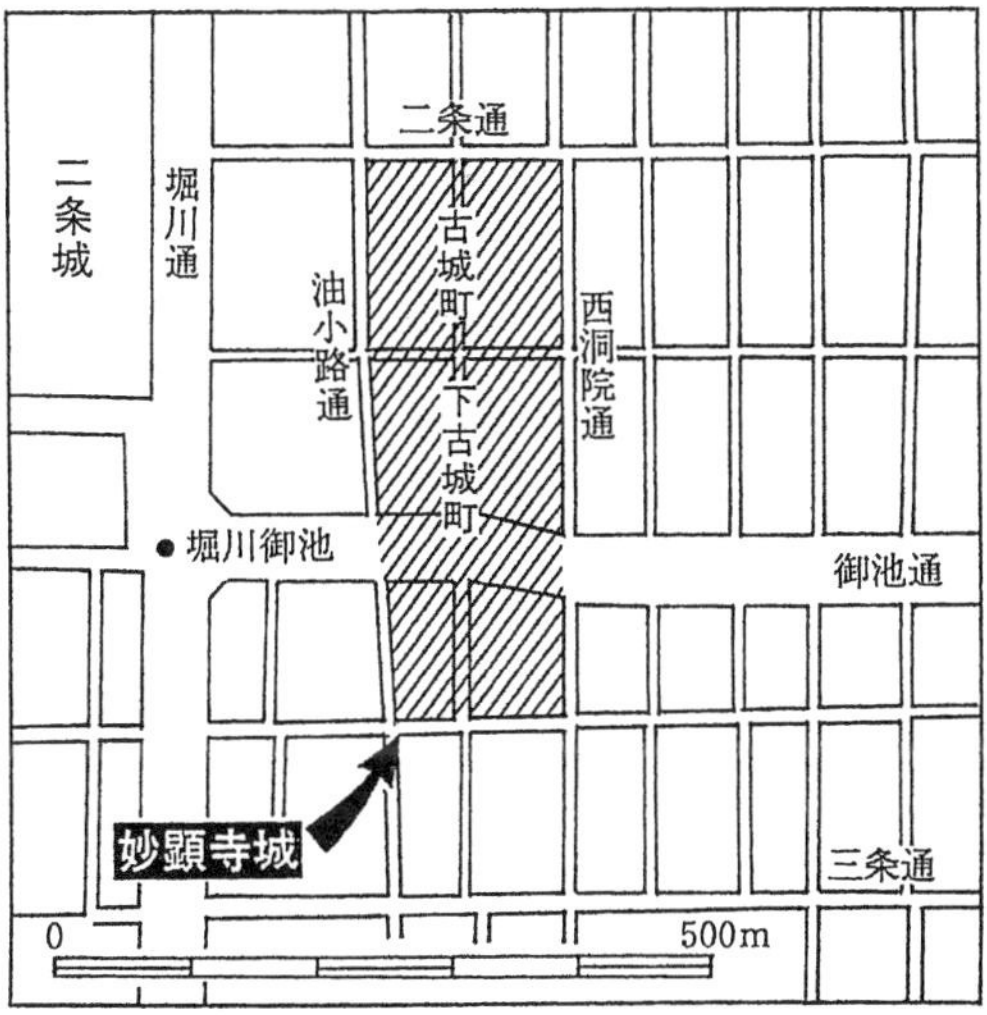

第３図　秀吉の妙顕寺城

ち彼一流の市中掌握の、一手法であったに違いない。

ともかく、この時点で京都は城下町への第一歩を印し、上下京の町家地区は、城下町の「部分」としての町家地区への第一歩を踏み出したのである。

短命に終わった秀吉の妙顕寺城

信長が先鞭《せんべん》をつけた京都の城下町化を受け継ぐのは、むろん秀吉であるが、彼ははじめ、京都支配の拠点を、妙顕寺地に構えた。場所は二条以南、三条坊門以北、油小路以東、西洞院以西である。

着工は天正一一年（一五八三）九月で、翌年「四月には、下京の民に新邸の外堀をほる人夫役が課せられているから、このころには外郭もできあがったものと思われる」と、『京都の歴

第４図　大坂夏の陣図屏風に描かれた大坂城（大阪城天守閣）

史』（第四巻）は推定している。当時、秀吉は大坂を本拠としており、京都の妙顕寺城は、秀吉にとって京都政庁、京都宿所という性格のものであったため か、規模は南北二町で、信長のつくった二条城の半分にすぎなかったが、同書も指摘するように、「堀をほり、天主をあげ」（『貝塚御座所日記』）たこの施設は、「邸宅」というよりは、明らかに「城」と呼ばれるにふさわしいものであった。いま、その地に「古城町」「下古城町」の町名が残っていることも、それを裏付けていると言ってよいであろう。

しかし下京町家地区の北西辺を占めたこの妙顕寺城は、すこぶる短命であった。早くも完成の翌々年の天正一四年（一五八六）には、広大な新第《しんだい》である「聚楽第《じゅらくだい》」の建設が、内野《うちの》と呼ばれていた平安京大《だい》内裏《だいり》跡地の一角で始まるからである。

聚楽第の建設開始

興福寺の『多聞院日記』（天正一四年二月二七日条）に、

去廿一日ヨリ、内野御構《おかまえ》普請

という表現で、「聚楽第」建設の開始が記録されている。

秀吉が関白宣下《せんげ》を受け、従《じゅ》一位になったのが前年七月、豊臣の姓をもつことになったのも、前年九月九日と見る説が有力で、そうであれば、聚楽第建設開始時点というのは、秀吉政権確立後はじめての春にほかならなかったことになる。

では、その完成はいつだったのか。

『兼見卿記』の記事は、翌年の天正一五年二月七日に、秀吉が内野の新第で公家たちの歳首《さいしゅ》の礼を受けたことを語る。これにもとづいて『京都の歴史』（第四巻）は、聚楽第はそのころ、すなわち建設着手から一年後に竣工したものと推測している。

聚楽第が通説のとおりの大きさで、かつ単郭の構造のものであるという前提に立てば、この推測はおそらく正しいが、筆者の考えでは、聚楽第は内城と外郭の二重の構えをめぐらしていた可能性が高く、そのこととのからみで、聚楽第の本当の形や竣工の時期は、なお検討を要することではないかと思う。このことはのちにくわしく論じる。

秀吉の京都大改造—武家屋敷地区の設定

聚楽第建設にともなう秀吉の京都大改造については、『京都の歴史』（第四巻）ほか諸書にくわしいが、その概要をここにまとめておこう。

まず、聚楽第の位置および、聚楽第を中心とする当時の武家屋敷地区のおおよその広がり、聚楽第と上京・下京の町家地区との位置関係などは、第2図に示したとおりである。

秀吉は聚楽第を建設するとともに、武家屋敷地区を設定した。これも京都大改造の一つと言える。聚楽第建設にともなって、その周辺には民家などが建ち並びはじめたが、天正一九年（一五九一）正月早々に移転を命じられたという。それは一帯をすべて大名・武家屋敷地区にするためであったと言われている。禁裏とその周辺にも、当然ながら秀吉の意志の強い働きかけがあり、禁裏六丁町の一部が千本一条方面へ移転させられたと言われるのも、このときに命じられたことが知られている。江戸時代の絵図に見られる禁裏と周辺公家町の原形は、この時期につくられたと見ても、おそらく大過ないであろう。

今日の丸太町通以北、一条通付近にいたる間の地域には、東方より禁裏、公家屋敷地区、その西方に大名屋敷・武家屋敷が建ち並ぶこととなり、辺《あた》りの様相はみるみるうちに一変してしまったのである。

と述べる『京都の歴史』（第四巻）の文章は、決して誇張ではない。

天正地割の設定

以上のような大規模な武家屋敷地区の設定は、当然、その地区において新しい街路パターンを形成したに違いないが、これについて言えば、天正一八年に行なわれた下京市中の改造、すなわち

　京極以西、高倉以東、又堀川西、押小路以南之類、皆毎二半町一有二南北街路一

と『小田原記』や『中昔京師地図』に記し残された、いわゆる天正地割の設定が、のちに改めて触れるように、都市史上、特に注目に値する重要な事業であった。

城下町の北壁・東壁としての寺町

武家屋敷地区の設定・天正地割の設定につづく第三の事業として、寺院を市街の外縁へ向けて大規模に移転したことがあげられる。

その一は、上京町家地区の北、寺之内地区への、日蓮宗・浄土宗諸寺の移転である。妙顕寺城建設の天正一一年（一五八三）における妙覚寺の移転を皮切りに、同一八年までに寺之内地区に集積させられた寺院は一五カ寺を超え、城下町北辺の防壁の観を呈することになった。

その二は、平安京東京極の外縁に沿って、北は鞍馬口から南は下寺町まで、一二〇カ寺になんなんとする多くの寺院を、長蛇のようにつらねた寺町の造成であった。平安京以来、中世以来の東西街路は、ほとんどすべてがこの寺町で行きどまり、あるいはカギ型に屈折して東へ抜けるように作為されたありよう一つからでも、この長蛇の寺院列が、秀吉の城下町の東壁として造成されたものであるこ

とが、判然とする。各寺院の移転年代は必ずしも明らかでないが、天正一九年には、ほぼ寺町はできあがっていたと見るのが、大勢である。

以上のような京内の既存寺院の移転ということではないが、天正一九年における大谷本願寺（西本願寺）の創建もまた、京都北辺、東辺の寺院群と対をなす南辺の防壁として意識された可能性があり、注目すべきであろう。

「都」を否定し、京都を城下町化させた「お土居」

秀吉の第四の事績は、同じく天正一九年における「お土居《どい》」と呼ばれる土塁の構築である。「お土居」は、東は寺町の東裏を限り、賀茂川に沿って北上し、北は鷹ケ峰を限り、西は紙屋川の東を南下して綾小路南に達し、東へ折れ、千本通（平安京朱雀大路）で南折して、東寺の南を限り、油小路梅小路から東に向かい、高倉通末付近に至り、ほぼ斜めに東北行して下寺町の東に達したもので、京都を大きく囲い込む、総延長五里二六町（約二二キロメートル）の長大な城壁で、その土塁の前面には堀も並行していた。この「お土居」によって洛中と洛外は峻別され、七口とも十口とも称される旧来の京都の出入口は固定されることになった。

このお土居はしばしば都の外周にはじめてめぐらされた羅城にたとえられるが、

都には、まわりに堀ほらぬものなり

と、公家衆に揶揄《やゆ》されながらの構築であったことを考えると、実際上はかえって「都」を否定し、

「都」の色彩を薄めて、城下町の色をことのほかきわだたせた種類のものと強調するほうが、的を射ていよう。ともあれ、お土居の構築によって、京都の城下町化は、一応の完成を見たのであった。

以上、織田信長の二条城造営に始まり、秀吉の聚楽第建設とそれにともなう京都大改造、さらにお

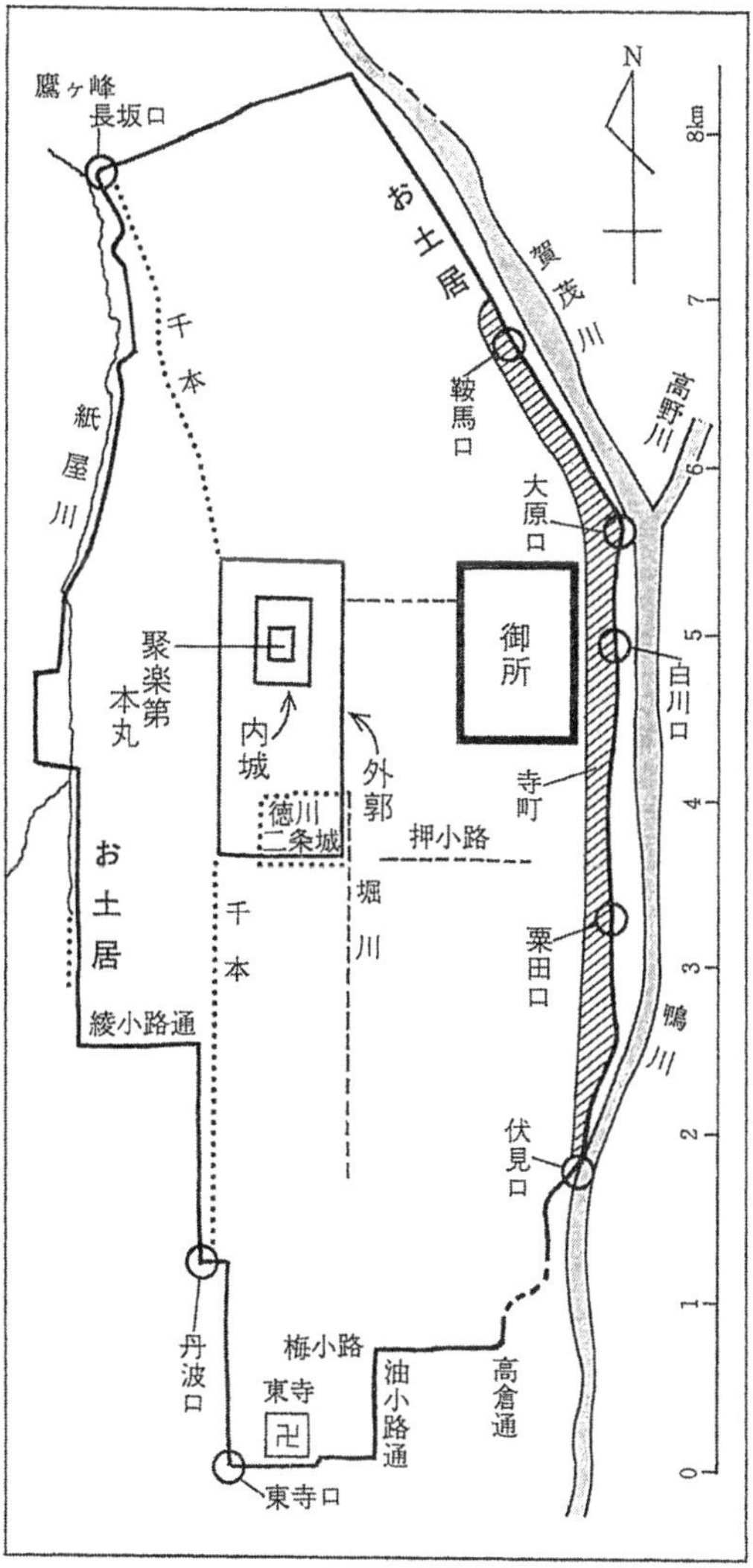

第5図　お土居

土居の完成に至る、京都の城下町化、言い換えれば「聚楽第城下町」完成への足どりをきわめて大づかみにたどってみた。

二　聚楽第の規模を考える

聚楽第の規模は「四方三千歩」

聚楽第は豊臣秀吉の城であり、京都を要塞化するために核となるべき施設である。その聚楽第は天正一四年（一五八六）に建設を始め、同一六年には後陽成天皇の行幸をあおぐという華やかなパフォーマンスを演出しながら、文禄四年（一五九五）には、秀吉はみずからの手でこれを破却してしまう。完成から破却までわずか七〜八年というはかない命運であった。

短命に終わった建造物だけに、記録も少なく、聚楽第の実態には謎が多い。いったい秀吉の聚楽第は、どのような平面形をもち、どのような大きさだったのか。それすら、必ずしも充分に明らかになっているとは言えない。

そこでまず、『京都叢書』に収められた近世地誌類、明治期の『京都府地誌』、『京都の歴史』（第四巻）、『史料京都の歴史』（第七巻上京区）などによって、聚楽第の広がりについての記述を整理してみよう。

聚楽第に関する記録としては『多聞院日記』が古いようで、その天正一四年二月二七日条に「去廿一日ヨリ、内野御構普請」とあることは先述のとおりである。

『太閤記』天正一五年段は、

　四方三千歩《ぶ》の石のついがき、山のごとし、楼門のかためは鐵《くろがね》の柱、銅《あかがね》の扉、瑶閣星をかざり、瓦の縫は玉虎《ぎょっこ》風に嘯《うそぶ》き、金龍雲に吟ず。

と、規模と豪華な造りについて活写している。壮大華麗なたたずまいは、たとえば三井家蔵「聚楽第図」[注3]などの屏風図をとおしてもうかがいうるが、ここでもっとも問題なのは、

　四方三千歩

と表現された聚楽第の規模である。

おそらくこの表現があるために、江戸時代には諸説が乱立した。

聚楽第の規模をもっとも広く考えるものは、南北を一条・二条間、東西を堀川・内野間とする説で、この説は、貞享元年（一六八四）の『雍州府志』、元禄二年（一六八九）の『京羽二重織留』、同三年の『名所都鳥』と受け継がれる。内野とは大内裏旧地一帯の名称で、聚楽第地一帯もこの中に含まれるはずであるから、これを西限とするという表現はいくらか不適当で、西限もこの中に含まれるはずであるから、これを西限とするという表現はいくらか不適当で、西限の「内野」は他の説に照らして、千本通と置き換えてよいと思われる。とすると南北が平安京の町の単位で一〇町、東西が六町という

規模になる。

一方、もっとも狭く想定する説は、南北を一条・春日（丸太町）間、東西を大宮・千本間の七町×四町とするもので、貞享元年の『菟芸泥赴《つぎねふ》』から、宝永二年（一七〇五）の『山城名勝志』、宝暦四年（一七五四）の『山城名跡巡行志』、同一二年の『京町鑑』をへて、大正初年の『京都坊目誌』まで受け継がれる。

そして両説の間には、安永九年（一七八〇）の『都名所図会』のように、南北を一条・二条間の一〇町、東西を大宮・千本間の四町とするものもあるありさまであった。

『雍州府志』以下の、もっとも広い範囲を考える説は、『太閤記』の「四方三千歩」という数字を重視して出てきたのかとも思うが、それでも一条・二条・堀川・千本の四辺の合計は一四六八丈＝四三八九メートルであって、三〇〇〇歩を三〇〇〇間《けん》と置き換えた場合の五七〇〇メートルあまり（六尺三寸一間）、または五四〇〇メートルあまり（六尺一間）にはおよばない。

地名を拠りどころとした「聚楽城趾形勝」の考証

ところで上記地誌類がひととおり出そろったあとの天保一四年（一八四三）、名倉希言という人の手になる「聚楽城趾形勝」という考証図[注4]が公にされている。

これは周辺の武家屋敷の比定と堀の遺構、それにたぶん屏風図などを拠りどころに復原を試みている趣の図で、その方法、および、南北を一条・出水南間の四町あまり、東西を大宮・浄福寺間の三町とする範囲考定が、ともに現代の『京都の歴史』の考証に受け継がれるところの、注目すべき成果と評価してよい。

むろん町の名を聚楽第域考証の拠りどころとする発想自体は、『雍州府志』に、

聚楽ノ城楼門廡《もんぶ》離折シテ処々ニ移ル。其ノ跡民家ト為リ、又田疇《でんちゅう》ト為ル。天守二ノ丸、彼ノ楼某ノ閣、此ノ門某ノ池、幷ニ山里等ノ名、町ノ号ト為リ、又田ノ字ト為ル。又列侯ノ第邸《だいてい》亦大坂幷ニ伏見ニ移ル。其ノ名残テ今民家ノ町号ト為レリ。或ハ如水町ト称ス、是レ黒田甲斐守入道如水圓清館舎ノ有シ所也。又有馬町ト号ス、是レ有馬玄蕃頭豊氏ノ住スル所也。凡ソ斯ノ類処々ニ多シ。

と記され、それより先にも、寛文五年（一六六五）の『京雀』に、

智恵光院の南の門より竪町《たてまち》あり。これ一条通さがる町也。一条通さがる○本丸町これ聚洛（ママ）の城本丸の跡也。

と記されている例のように、早くからあった。しかしそれにもかかわらず「聚楽城趾形勝」は具体的に図上で考証し、それがいまに残ったことは貴重である。

聚楽第の内側にちなむ地名

さて、細かな手続きの説明を省略して、近世以来の諸々の研究成果により、現段階で聚楽第の範囲を考定するための作業図を一枚提示すると、第６図のようになるであろう。

本丸町の名はいまはないが、その位置は上引『京雀』の記載から明らかである。

新白水丸町の名は、明治維新後、白水町と新丸屋町の合併によるもので、白水町の名は旧来の泉町の「泉」の文字を二分して、正徳年間につくったと伝えられ、その泉の名は、聚楽城中の有名な噴水にちなんだものと説明される（『京都府地誌』）。

上・下山里町の名は、聚楽城中の山里の井泉《せいせん》に、須浜町・須浜池町の名も城中の洲浜池跡にかかわるものであり、高台院町・高台院竪《たて》町はともに秀吉の北政所の住居にちなむ名である。

多門町は聚楽城譙門《しょうもん》に、亀木町はやはり城内の園池で当初嘗木造の噴水の巨鼈を置いたことにそれぞれよると言い（いずれも『京都府地誌』による）、また天秤丸町も「城内ノ丸ノ名」（『山州名跡志』）という理解があって、要するにこれらの町名が、聚楽第内と見られるわけである。

聚楽第の外側の武家屋敷にちなむ名

一方、聚楽第をとりまいて位置した武家屋敷にちなむと見なされる町々が第6図中にアミを施した各区画であって、たとえば如水町は前引のように黒田如水、飛弾（騨）殿町は蒲生飛騨守氏郷、常陸町は木村常陸介重茲《しげこれ》、藤五郎町は長谷川藤五郎則秀、浮田町は宇喜多秀家、中村町は中村式部少輔、中書町は脇坂中務大輔安治、左馬松町は加藤左馬助嘉明、直家町は宇喜多直家、福島町は福島左衛門大夫正則、信濃町は鍋島信濃守勝茂、加賀屋町は鍋島加賀守直茂、伊勢殿構町は伊勢兵部少甫の各屋敷にそれぞれ由来する。

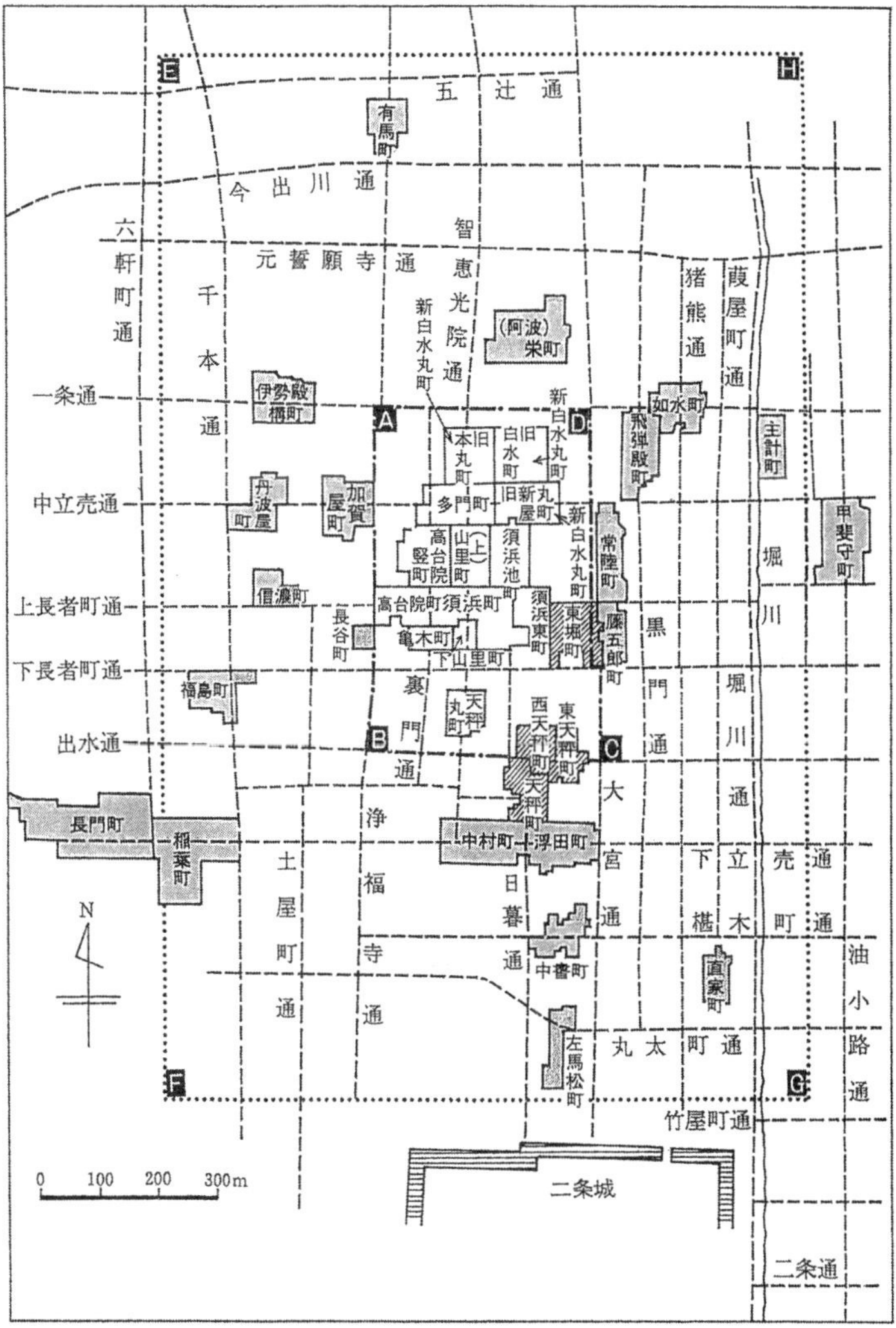

第６図　聚楽第（A—B—C—D）考定作業図

なお丹波屋町は有馬玄蕃頭則頼の邸地であったと伝え（『京都坊目誌』上京第一一学区）、長谷町も浅野氏居館園池の「流水アリテ両岸長ク峙《そば》タチ、自ラ谷ノ形ヲナス」（『京都府地誌』）ことによってその名を得たものと伝える。

そして阿波栄《はえ》町も阿波杢之助の屋敷跡に由来すると見られる。

これら各屋敷の一まわり外側には、なお加藤主計頭清正邸の主計町、黒田甲斐守長政邸の甲斐守町、稲葉入道一徹斎邸の稲葉町、木村長門守重高邸の長門町（『京都の歴史』第四巻参照）[注5]、有馬玄蕃頭豊氏邸の有馬町（前引）なども分布するが、それらはともかくとして、もっとも内側の武家屋敷跡を示す町群によって、聚楽第の輪郭は著しく限定されてくる。

しかも、これら武家屋敷跡町名群と城内諸施設跡町名群との間には、堀に由来する地名群がある。

此町東部は元聚楽城東の外壕にして西部は其園池より余流を受くる地なり。故に東側を東堀町と云ひ、西側を清水町と云ふ。明治二年官に請ふて東堀町に合併す。（『京都坊目誌』上京第一二学区）

と、「東堀町」の名が、東辺の堀であったことが語られる。

また、天秤堀にちなむ名と考えられる「天秤町」「東天秤町」「西天秤町」があって、結局のところ北辺を一条、南辺をほぼ出水、東辺を大宮、西辺をほぼ浄福寺の各通りに設定する『京都の歴史』の聚楽第域復原案の妥当性が認められるのである。

三　聚楽第の外郭を推理する

聚楽第の四辺の全長は一〇〇〇間

以上のように復原されるとすると、聚楽第の大きさは、南北およそ五五〇メートル、東西はおよそ三五〇メートルであったことになる。そうすると四辺の全長はおよそ一八〇〇メートルである。それは六尺を一間（約一・八メートル）とする一〇〇〇間の長さにほかならない。

ところが、この一〇〇〇間＝一八〇〇メートルの四辺全長は、実は、現存する二条城[注6]の四辺全長とみごとに一致する。四辺全長の一致ばかりではない。復原された聚楽第と現存の二条城の平面とを見くらべてみると、そのあまりにもよく似た長方形平面であることに驚かざるをえない。二条城は、はじめ徳川家康によって営まれ、秀忠によって拡張されたもので、京都における徳川政権のシンボルであったが、その二条城造営にあたって、徳川政権は秀吉を模倣したと、筆者には感じられてならない。

聚楽第の四辺全長が一〇〇〇間であったことは、文献史料にも見える。『兼見卿記』に「中四方千間」とあるのがそれである。また、このことは、『駒井日記』文禄四年（一五九五）四月一〇日条に、

聚楽柵木通間数

一、南二丸門より北之門迄　四百五拾間

一、北之門より西之門迄　　三百五拾五間
一、西之門より南之門迄　　弐百弐拾弐間
　　合千三拾壱間（ママ）　但十七町壱段切五間

と記された[注7]数値によっても裏付けられる。

それはよいが、ではいったい「四方三千歩の石のついがき」と書く『太閤記』の記載はどうなるのであろう。これについて筆者の脳裏に浮かんだ解釈は、およそ次のようなものである。

三倍の範囲を外郭と想定する

それは、聚楽第ゆかりの武家屋敷が、聚楽第の南北・東西のそれぞれ三倍の範囲、すなわち南北はおよそ五辻通から竹屋町通まで、東西はほぼ油小路通から六軒町通までの範囲に収まるという、第6図上の事実から発する。

南北距離、東西距離を、それぞれ想定聚楽第域の三倍にとると、一六五〇メートルと一〇五〇メートルとなり、その広がりを図示すると第6図の中のE—F—G—Hの点線で画される範囲になる。E—F—G—Hは図上の仮の線にすぎないが、武家屋敷がほぼ収まるこの大きさの長方形平面の四辺合計距離、それこそが三〇〇〇歩＝三〇〇〇間の数値にほかならない（一間＝約一・八メートルとすると、三〇〇〇間＝五四〇〇メートルとなる）。

つまり、「四方三千歩」の「四方」とは、武家屋敷群を含んだいわば「総構《そうがまえ》」の四辺を意味したと解すべきではないかと思われるのである。

「総構」の思想は大坂城にあった

「総構」は、聚楽第とほとんど並行して造営が進められた大坂城にあった。大坂城の場合、総構は、北辺を大和川・淀川、西辺を東横堀、東辺を猫間川、南辺をほぼ長堀の位置の東延長部に認められる「空堀」とする範囲で、[注8]上記の聚楽第「四方三千歩」の広さをしのぐが、それほど大きな規模の違いはない。両者はいわば同類であると言うことができる。

そしてそういう規模の類似性があったとして、はじめて理解できることが、聚楽第造営に従事した人夫の多さである。聚楽第の造営人夫は大坂城造営のそれをしのぐほどであったことが伝え残されているが（『宇野主水日記』）、もしそのとおりであったのならば、聚楽第は「四方千間」の狭い聚楽第にとどまっていたとは考えにくい。つまり大坂城の造営に匹敵する大工事でなければ、それほどの膨大な人手がかかりようがないということである。

ここに至って、先に引用した『兼見卿記』の記事の中の、一文字がクローズアップされてくる。

　中四方千間

という表現である。

「中四方千間」に対する「外四方三千間」とでも表現すべき空間が少なくとも構想され、これら内城と外郭でもって、いわば「大聚楽第」が存在した（あるいは存在しようとした）と考えるのが、どうも的を射た解釈のように思われる。江戸時代の諸地誌の説く聚楽第の広さが大きく二説に分かれるのは、ことによるとこのことの反映であるのかもしれない。[注9]

外郭に古い町が存在する

しかし、以上のような考えで画した第6図のE—F—G—H区画を、そのまま無修正に聚楽第外郭の断案とすることには、いくつかの問題点がある。もっとも注目すべき問題点は、E—F—G—H区画北東隅付近が、元亀二年（一五七二）に上京の町組を形成して存在していた諸町の広がりの中に、かなり深く食い込むことになるという図上の事実である。第7図にその関係を示した。

言うまでもなく聚楽第の建営は元亀のはるかあとであるから、外郭内に入ることになった町家は取り壊されるということが起こりえた。実際、ルイス・フロイスは、次のように記録している。

彼（秀吉）は日本の領主全員に、自らの城の周囲において、できうるかぎり立派な屋敷を建てるように命じた。都が、一つは上の都（上京）、一つは下の都（下京）と称される二地区に分割されており、あたかも二つの町の形をとっていたので、彼は城を上の都に造り、そこで日本中で造りうるもっとも豪華な新都市を営もうと決意した。そのために彼は、従来そこに建っていた家屋をほとんど全部取り壊してしまった。かくて巡察師が同地に滞在していた二十数日間だけでも、進行中の工事を拡張し、新しくより立派な家屋を建てるために、すでに存在していた二千軒もの家を撤去、そして彼は上の都が占めているほとんど全域を、意のままに日本の諸侯の間に分配し、

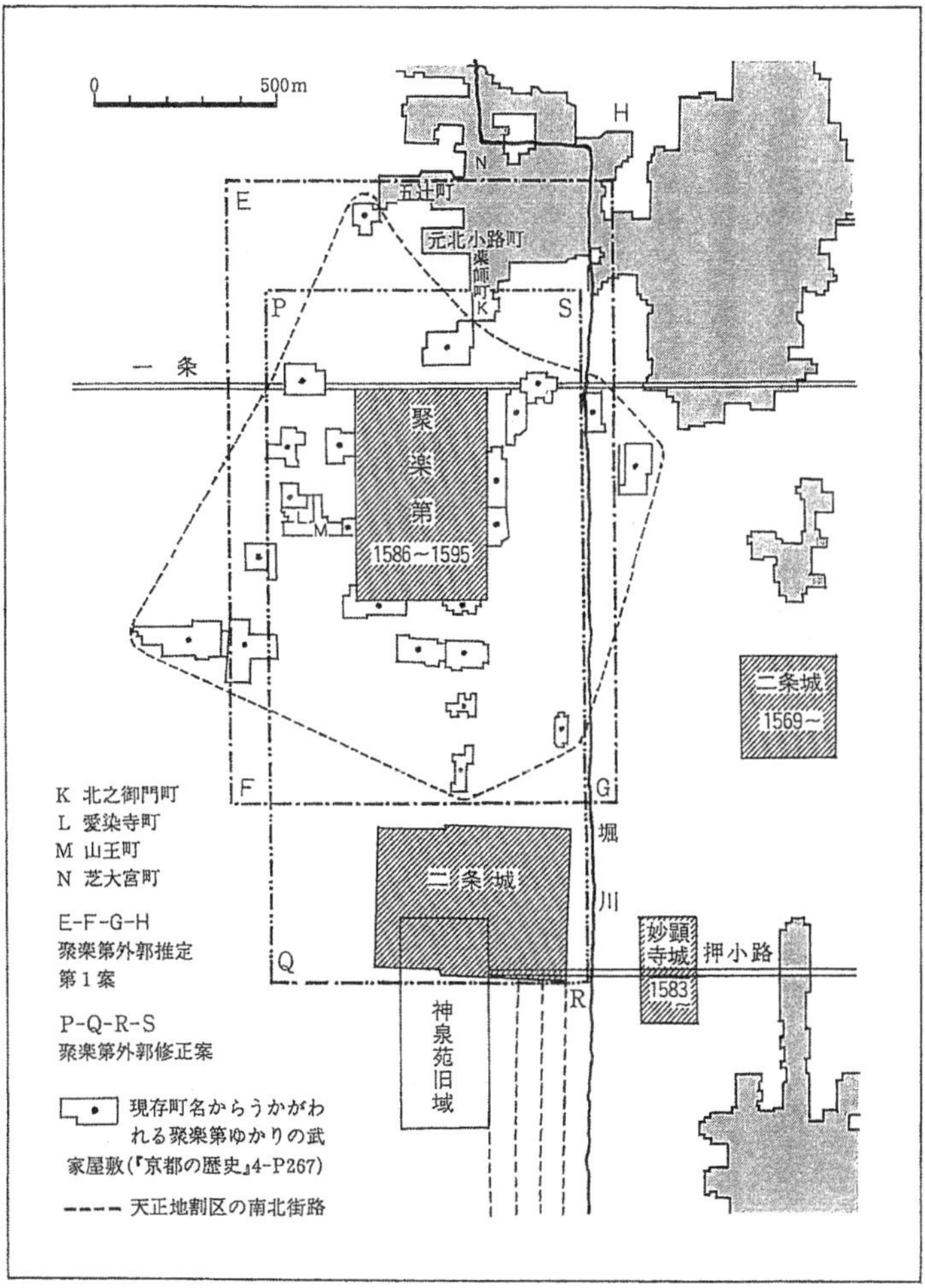

第7図　聚楽第外郭の広がりと上京の町の関係

一人一人にその屋敷を造るにふさわしいと思われる地所を与え、幾つかのはなはだ広くて長い真直ぐな街路を残した。[注10]（傍点は引用者）

右のような状況であったから、元亀年間、すなわち中世の町々は、もし聚楽第外郭の大名屋敷地区に含まれることになったのであれば、無条件に破壊されたと考えられる。

にもかかわらず、第7図に五辻町、元北小路町、薬師町と記した町々をはじめ、E—F—G—Hの範囲内の諸町に、破壊された形跡が認めがたい。

また、芝大宮町は、天正年間から慶長初年までの聚楽第の時代に町として存在しつづけた記録があり、しかも、この芝大宮町（旧名山本町）をはじめ、五辻町（旧名大宮通五辻西へ入町）、元北小路町（旧名北小路）、薬師町（旧名浮世町）ほか合わせて八町は、近世に糸屋八町と呼ばれるまとまりを示して、過去において町々が分断されたとは思えないのである。[注11]

しかも第7図上、薬師町の南に接するK町が「北之御門町」であって、これには注目すべき地名伝承がある。

聚楽城ノ北大門、旧《も》ト此ニ在ルヲ以テ名《なづ》ク。（『京都府地誌』）

というのである。つまり、ここが聚楽第の北限となる。

聚楽第外郭の修正案

以上の点を重視するとき、先に想定したE—F—G—H外郭の北辺を、P—S線、すなわち元誓願寺通まで南下させるという修正案が生まれる。

このように、修正の可能性の有無という視点で見ると、E—Fの推定外郭西辺線にも修正の可能性が認められる。第7図中のMは山王町であるが、この山王町の町名の由来を『京都府地誌』は次のように書いている。

旧時凡ソ内蔵寮、南院ノ間ニ狭マレリ。近古、聚楽城ノ域トナル。何《いず》レノ頃ニヤ、此処山王祠アリ。寛永中、開市区分ノトキ、取テ以テ名トス。（傍点引用者）

山王町は聚楽城の域内であるという説で、筆者の見解によく適合する。

その山王町に隣接して、Lの記号を付した愛染寺町がある。この愛染寺町について、『京都府地誌』は、

中古、町内ニ愛染寺今ノ五百拾七番地其跡ト云アリ。聚楽築造ノ時、今ノ中立売千本ノ西ニ移シ、全ク巷陌《こうはく》トナリシト云。（傍点引用者）

と解説している。千本の西に移したという表現が大切である。千本通は北行すると長坂となり、「お土居」に開かれた七口の一つ「長坂口」に続くことを合わせ考えると、外郭西辺は、E—Fから、P—Qすなわち千本通のラインに移して想定するのが、事実に合致する可能性が大きいかもしれないと思うのである。

西辺をE—FからP—Qへ後退させて推考するときには、東辺もまたG—Hから堀川の線（R—S）

へ後退させて推考するのが、堀川という既存の水路がそのまま外郭として機能しえたと思われることから見ても、また、東西の対照性という点からも、穏当であろうと思われる。

以上のように、想定した外郭線に修正を加えるとき、北辺P—Sの距離はおよそ八五〇メートルとなる。外郭の全周が「四方三千歩の石のついがき」と記す『太閤記』の記載のまま不動であるとすると、五四〇〇メートル—一七〇〇メートル（八五〇メートルの二倍）＝三七〇〇メートルとなる。これを二分した一八五〇メートルが修正した推定外郭の南北の距離という計算になる。

その一八五〇メートルをP—Sを基線にして南へ測ると、ほとんど押小路の線に達する。これは注目に値する結果である。なぜならば、このことは、後述する天正地割の施行範囲の問題とからんでくるからである。平安京以来の一町区画を半分に切る南北街路が通される北限が押小路である。押小路以南にそういう事業が行なわれたのは、押小路までは聚楽第外郭であったからにほかならないのではないか。そして、のちに二条城がほかならぬ現位置に営まれるのも、修正した聚楽第外郭東南隅が選ばれた結果ということになるのではないか。大胆ではあるが、以上のような推察を述べた。

聚楽第は南面した

聚楽第の方向を確かめておこう。

たとえば『菟芸泥赴《つぎねふ》』を読むと、「日暮門」の説明に、

聚楽第の巳の方に有て南にむかへる門也。其工《たく》み美々しく、見る人立さらで日をくらす故、名付

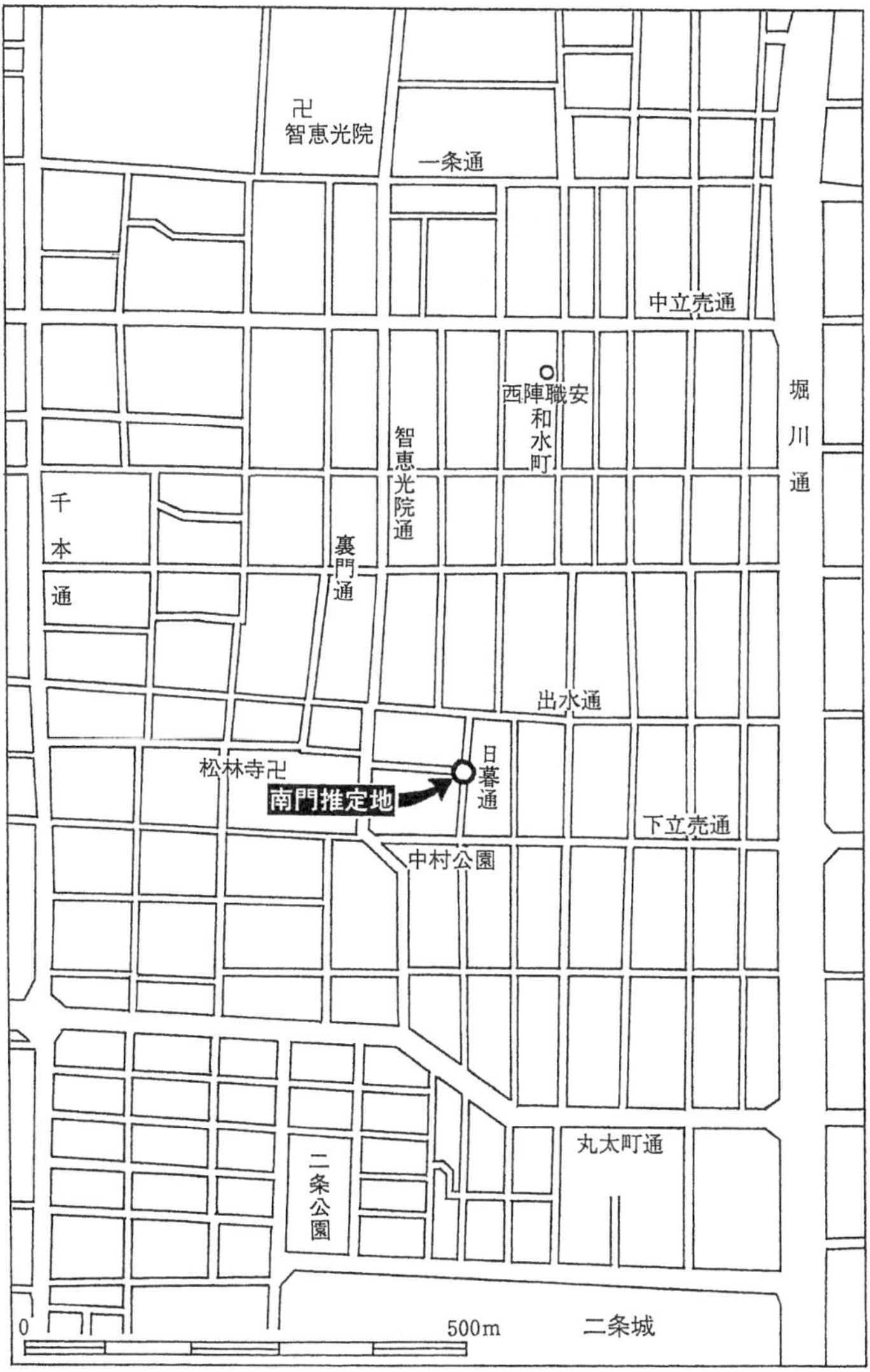

第8図　聚楽第南門（日暮門）推定地

たり。今の日暮通は其門ありし筋とかや。

とある。このような記載は諸書に見られ、つまり「南」門がもっとも美しい門であったことがうかがわれる。

またたとえば『京都坊目誌』首巻五の、「裏門通」の説明には、

北は一条通に起り、南は下立売に至る。元和元年開通する所なり。街名の起源は伝へて聚楽第の北門のありし所、此の街に当る。故に名くと。

とある。北門が裏門であったという伝承である。しかし、日暮門が日暮通と出水通の交点にあったと見てよければ、先に引用した『駒井日記』の「聚楽柵木通間数」という記事に、南門と北門の間が聚楽第の東辺を経由して四五〇間、すなわち八一〇メートルあまりであったと明記されていることによって、北門は智恵光院通より西には求めにくい。そのためであろうか、これも先に引用した名倉希言の「聚楽城趾形勝」図は、本丸西辺に「裏ノ門通ト今云ハ是カ」と注記して、裏門通を「西門」とのかかわりで見る解釈を示している。

『駒井日記』の記事によって、聚楽第内城には東辺に門がなく、南北西の三門にとどまったことがわかり、かつ南門がきわめて美麗な門として知られ、北門や西門には「裏門通」の名がからんでくるのであるから、聚楽第の方向は南を正面としたと見ることに異論が入る余地はないように思う。すなわち聚楽第はまちがいなく南を向いて在った。

天正の地割の範囲を考える

先に天正一八年（一五九〇）における下京の新地割施行のことに触れて、

京極以西、高倉以東、又堀川西、押小路以南之類、皆毎二半町一有二南北街路一

という史料を引用したが、この史料が示す事業の範囲について、従来はどちらかと言えばたいへんルーズに解釈される場合が多く、方一町の中央を南北に割る街路が、江戸時代の絵図などに認められる範囲を、みな天正期にさかのぼらせて、天正期の事業範囲と決めてしまうような傾向が強かったと思う。

しかしはたしてそれでよいであろうか。史料に忠実であろうとすれば、決してそうは言えず、一カ所は京極以西、高倉以東、押小路以南の範囲、他の一カ所は堀川以西、押小路以南の範囲にはっきりと限定してかからなければいけないと考える。

前者の場合は南限について触れておらず、後者の場合は西限と南限について触れていないから、推測によらざるをえない。しかし、それらは神泉苑旧域や六条柳町の遊里などによって、かなり的確に想定することができるのではないかと考える。

すなわち後者の堀川以西、押小路以南区の西辺は、当時の市街地的な部分を限る大きな緑地として神泉苑が立ちはだかっていたはずである。むろん、神泉苑の北部は前述の聚楽第外郭にとり込まれるなどしたこともあるから、原境域のままではなかっただろうが。また、のちの近世絵図上で、大宮通

が下京都市域最西の南北街路になっていた事実があり、これらによって、天正新街区の西辺は大宮通であったと見て、おそらく誤らないと思う。

両街区事業の南限を示唆するのが六条坊門（現在の五条通）南、六条北、室町西、西洞院東の方二町を占めた六条柳町である。ここは天正一七年以来、寺町西、押小路北にあった二条柳町の遊里が、慶長七年（一六〇二）に移転させられて成立したところであるが、このことは当時の市街地の広がり、ないしは市街地の範囲に関する観念が、ほぼ現在の五条通付近を限界としたらしいことをうかがわせるのである。おそらく、天正新街区事業の南限は五条通であったろう。

このように考えた天正新街区設定のその計画区域の南北街路を、新設のものも平安京以来の旧道も、ともに破線で第2図に記入してある。その範囲は、中世以来の下京町家地区をはずし、それを挟んで隣接する地区であって、秀吉が積極的に都市化をもくろんだ地区としてはたいへん納得のいく位置を占めるが、計画区域が確かに右の範囲にとどまったとすると、結局のところ「新設」街路は東地区三本、西地区二本の合計五本にとどまることとなり、従来、漠然と考えられていたのにくらべて、事業規模としては意外に小規模であったと見なければならないように思う。

四　聚楽第の内城

（一）　聚楽第内城の東側の堀の位置と規模

秀吉は京都を要塞化すべく、聚楽第城下町を建設した。その構造は四重構造とも五重構造とも表現してよい、厳重なものであった。

まず、真ん中に本丸があり、その外側に内城がある。内城には幅三〇メートルの巨大な堀がめぐらせてある。その外側に先に推定したような周囲五四〇〇メートルの広大な外郭があり、さらにこの聚楽第城下町全体を囲む「お土居」が構築された。

ここでは内城とそれを囲む堀について論じよう。

発掘された聚楽第の堀

京都府埋蔵文化財調査研究センターは、平成三年から翌年にかけて、京都西陣公共職業安定所改築にともなう事前調査を行なったが、このときに、堀の跡を検出した。場所は上京区大宮中立売下ル和水町西側の地点である。堀は、江戸時代の整地層表面からの深さが七メートル以上、かつ幅員は三〇メートル以上に達すると推定される壮大なもので、検出したのは、南北方向に走るその堀の西側半分二〇メートル幅ほどである。[注12]

これが一見して聚楽第の堀であることは、堀を埋めつくした土の中にきわめて大量の金箔瓦が含まれていたことから明らかであった。また、その場所、堀の走る方角から見て、聚楽第「中四方千間」

の、筆者の言う「内城」東辺の堀と考えて誤りないものと判断される。

この堀の発見には画期的な意義があった。というのは、従来、聚楽第北辺の堀にかかわる遺構と指摘されてきたものがあり、同じく南辺にかかわると思われる遺構もあった。そうすると従来の南北の堀に、今回発見の東の堀を合わせ考えれば、聚楽第内城の範囲が明確になってくるからである。

この発掘調査成果に触発されて、聚楽第内城の広がりを地図上で復原してみよう。

聚楽第の内城は長方形

まずはじめに、聚楽第内城四辺の堀と推定する線を記入した地図（第9図）を提示しよう。堀の幅は、南堀を約五〇メートル、東・北・西の堀はともに約三〇メートルと推定した。その根拠は順次説明する。

聚楽第は城であるから、このように整った長方形平面を想定することに疑問を抱く考え方もあるであろう。実際、たとえば名倉希言の作と伝える「豊公築所聚楽城之図」とか「豊公築所聚楽城跡形勝」とかは、第9図のような整った長方形を想定していないようである。また桜井成広は、広島城本丸二ノ丸平面図を参考する方法をとって推定を試みた復原図を示しており、これまた同様に、整った長方形を想定していない。

しかし筆者は、推考のための「定点」がきわめて少ない現状では、もしも不整形を前提とすると、可能性の振幅が大きくなりすぎて、復原を試みることができなくなると考える。これが、長方形平面

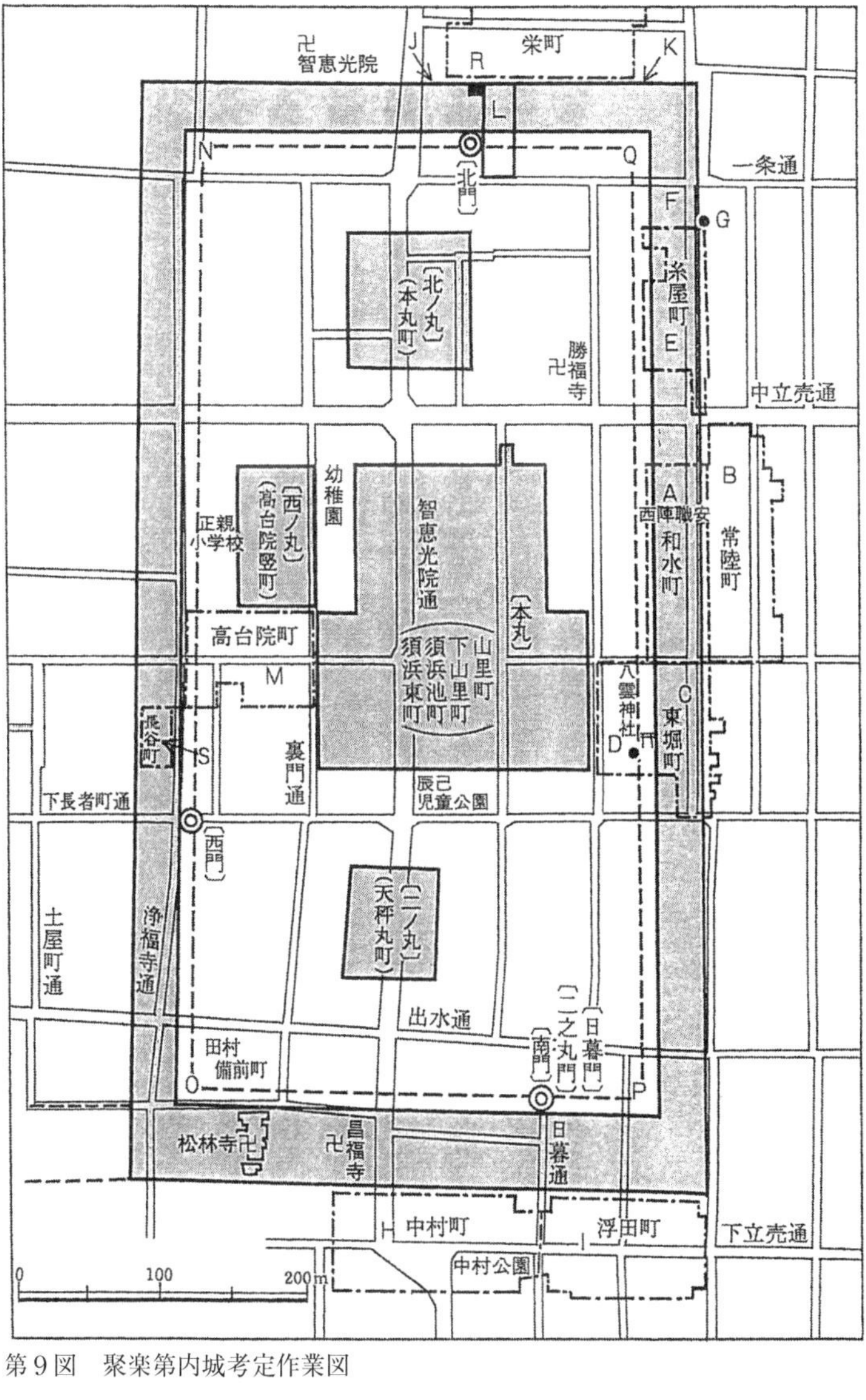

第９図　聚楽第内城考定作業図

を想定する一つの消極的理由である。

第二の積極的理由を述べよう。聚楽第は城であるとともに、天皇の行幸を期待した邸宅であった。それが聚楽城でなく聚楽第と呼ばれた最大の理由であっただろう。そしてその邸宅を平安京・平安宮という方形を基盤とする土地区画の上に営むとすれば、あえて方形以外の不整形にする理由はあるまい。おそらくこうした理由で、江戸時代以来の諸書も長方形平面を想定する立場をとるものが大勢であったし、それは現代の、京都市が公的に編纂した『京都の歴史』にまで踏襲されている立場である。筆者はこの研究史に妥当性を認める、という積極的理由により、当面は迷うことなく整った長方形平面を考えていこうとするものである。

堀幅三〇メートルと地名伝承—常陸町・和水町

さて第9図のA点は、このたびの発掘調査地である。この場所で、東西約二〇メートルのトレンチのうち、西端から二メートル地点以東がすべて堀であることが確認されたのである。[注13]

トレンチの断面と、周辺のボーリング調査データは第10図のとおりで、埋土層の傾斜と堀の底の地山表面推定線のありようから、東西約二〇メートルのトレンチの東端からさらに東へ一〇メートルは広がると見られ、堀の幅は全体として三〇メートルはあったと推定されている。

堀遺構の西の肩から東へ三〇メートルのところで南北に線を引けば、第9図に示したとおり、和水町と常陸町（B）との町界の線にほとんど一致する。常陸町の名は、聚楽第時代の武将木村常陸介重

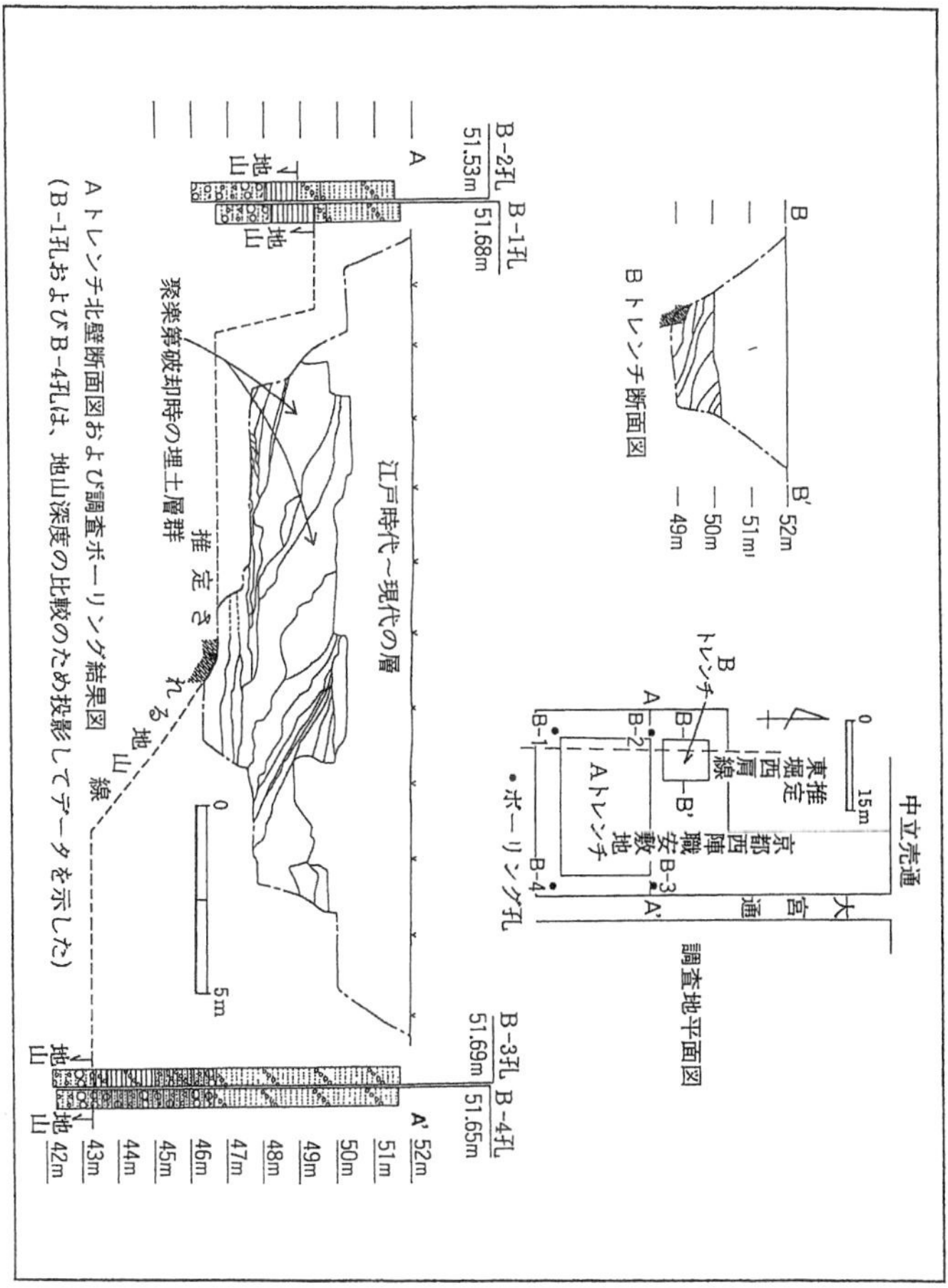

第10図　和水町で発掘された推定東堀遺構の位置と断面（「京都府埋文調査略報」による）

茲の屋敷にちなむものとされ（『京都坊目誌』）ている。つまりここが堀の東にあった武家屋敷と想像できる。

和水町の名は、「聚楽城園池の流るる所なれば、廃城後和泉町の称起る」（同右）という伝承をもち、これを明治に和水町に改めた（同右）という経緯がある。この和水町は東西幅三〇メートル強であり、まさにいま想定する堀の幅に一致する。和水町のこの幅そのものが、聚楽第内城東堀の、いわば「地表遺構」と断じて誤りないものと見られよう。

東堀町の東半分は堀だった

和水町の南には「東堀町」という、「東堀」そのものを名とする町（第9図C）がつづく。『京都坊目誌』は、この町名の起源を、次のように記述している。

此町東部は元聚楽城東の外壕にして西部は其園池より餘流を受くる地なり。故に東側を東堀町と云ひ、西側を清水町と云ふ。明治二年官に請ふて東堀町に合併す。

すなわち元来の東堀町は現在の町域の東半分であったというのである。その東半分とはまさしく、これまで主張してきた約三〇メートルの推定堀幅にほとんど一致する。

聚楽第の東の端＝堀の西端、はどこだったか

東堀町内には第9図に八雲神社と明記されている地点があり、現在は神社の跡地だけが空地となっている。その空地の西のDと記号を付した黒点の位置に、井戸が残っている。この井戸は「つゆの井」であるとの伝承がある。三井家蔵聚楽第図屏風に「つゆの井（梅雨の井）」が描かれているが、それがこの井戸である、というのである。この伝承が正しければ、D点は聚楽第内に位置したことになる。逆に言えば、D点は堀の中ではなかったことになる。

『京都府史蹟勝地調査会報告』第一冊（以下『史蹟勝地報告』と略称する）に収められた報告文「聚楽第遺址」[注14]によれば、八雲神社の神祠《しんし》の背後にモチの古木があり、この木はもと聚楽第の庭園にあったものとの伝えがあるという。この伝承が正しいとしても、木の位置がもとの位置のままなのか、その後、移動させられたのかが不明なので、八雲神社社地が聚楽第内にあたっていたかどうかは不明と言わざるをえない。ただ、旧東堀町の町域で推定される堀のありようからすれば、八雲神社の社地はほとんど堀の西肩にあたる。モチの木の伝承は、案外そこが聚楽第の東限であった、つまり堀の西端にモチの木が立っていたことを伝える類のものかもしれない。

堀の跡を北へ追う

次に、和水町（A）から北上してみよう。Eは糸屋町で、町域の東西幅は和水町と同じ三〇メートル強で、かつ和水町と同一南北線上に位置している。三〇メートル幅の堀が、和水町から糸屋町へとそのまま続いて北上していたと考えて矛盾はない。

そのうえ、『京都坊目誌』は、この町について「元此地聚楽城東北の外壕たり。後ち之を埋め町地とす」と記している。

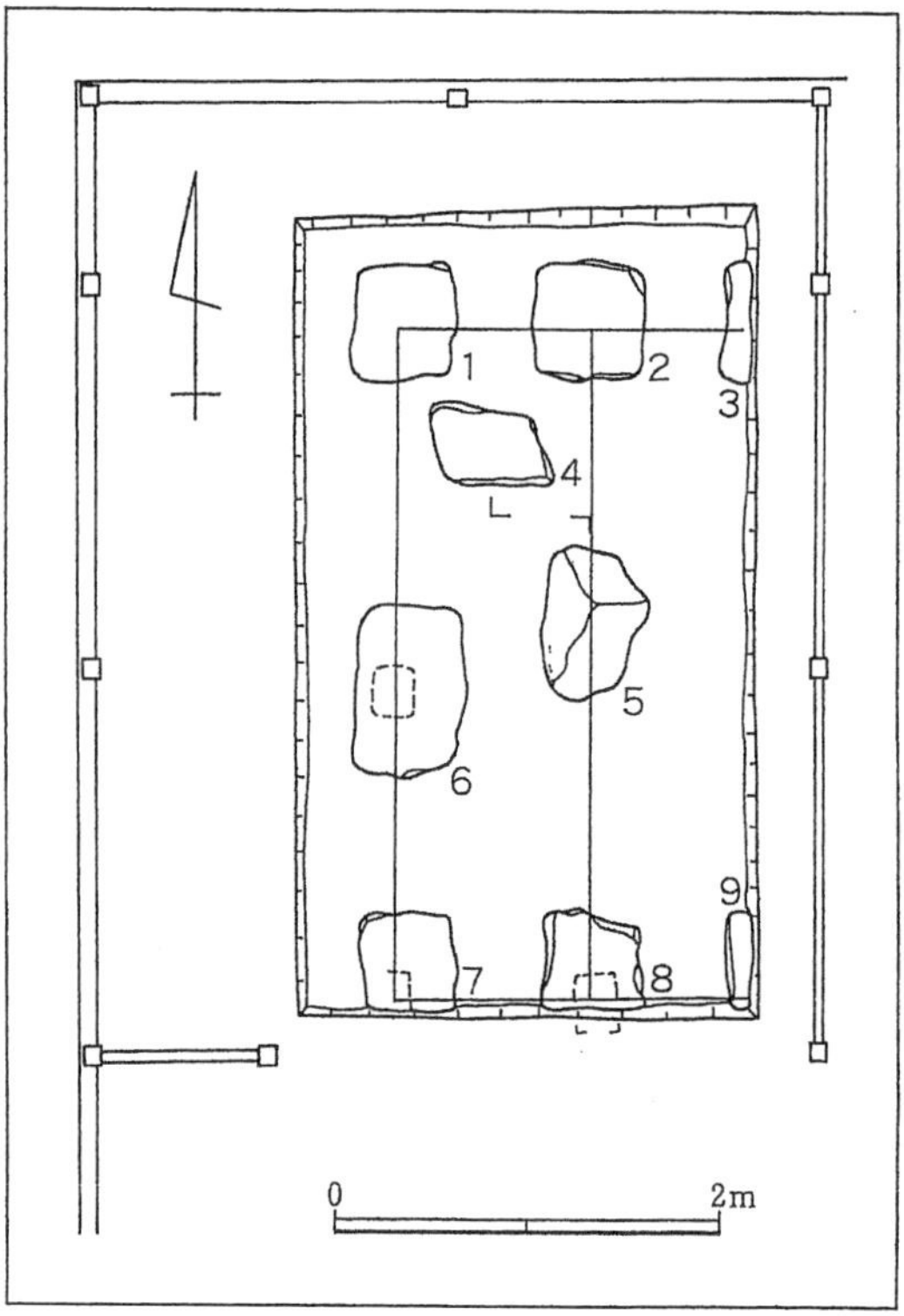

第11図　推定聚楽第内城東堀東外（第９図Ｇ）で発掘された建物跡（京都市埋蔵文化財年次報告1974—Ⅰ「平安宮跡」による）

また、京都市埋蔵文化財センターの玉村登志夫の教示によれば、第９図のＦ地点にマーケットが建設された際（昭和五四年）、立会調査によって、そこが、深い堀の跡と考えられる埋土状態であったことが確認されている。

一方、大宮通を挟んだ東向かいのＧ点（黒丸印）では、第11図のような、聚楽第時代の建築遺構が検出されている[注15]。その調査概要を執筆した玉村の見解は、「聚楽第に伴う櫓又は二階建ての堅牢な城郭建築の建物を想定することができよう」というものであった。筆者から見てたいへん興味深いことは、その位置が東堀東外にあたることである。逆に言うと、Ｇ点は堀の中ではなかったのである。

要するに、第9図Ｅ、Ｆ、Ｇの伝承と遺構は、いずれも筆者の言う聚楽第内城東堀想定案と合致するものであった。

以上によって筆者は、聚楽第内城東堀を幅約三〇メートルとし、第9図のような位置にこれを想定することを妥当であると考えるに至った。Ｃの東堀町にある八雲神社付近以南では、若干（一〇メートル以内）の東へのふくらみがありえたかもしれないが、基本的には図示した線でよいと思う。

（二）　聚楽第内城の南・北・西の各辺の堀について

南堀は、松林寺境内が証明する

つづいて南堀推定線について見る。南堀の推定に関しては、早くから、松林寺境内の南北距離と一致する大規模な堀状遺構が知られている。『史蹟勝地報告』は、これを次のように詳記している。

松林寺境内ノ凹地　智恵光院通出水下ル西入田村備前町ニ松林寺ト云フ一寺院アリ。其ノ寺ノ門ハ門前ノ道路ト同一平面ニ立ツト雖、一タビ其門ヲ開キテ内ニ入ラバ、本堂、庫裡等ノ建物ガ道路面ヨリモ甚シク低キ地面ノ上ニ建テル奇異ノ状ニアルヲ見ルベシ。即チ同寺ハ（中略）道路面ヨリ約六尺ヲ下降ス。其ヨリ本堂ノ正面マデ地表漸次ニ南ニ向ヒテ傾斜セリ。而シテ更ニ本堂南側ニ於テハイヨイヨ低クシテ土地溝渠《こうきょ》ノ状ヲナシ本堂建ツ所ノ地表ヨリモ尚五尺ヲ低下ス。現今此處ハ同寺ノ墓地トシテ大小墓碣《ぼけつ》の併立スルヲ見ル〔注16〕。

松林寺境内は、今日でもなおこの正確な記述どおりの姿をとどめている。第9図に南堀として線を引いたのは、この松林寺境内南北幅約五〇メートルをそのまま延長したものである。

この堀は、名倉希言の「豊公築所聚楽城跡形勝」図にも智恵光院通のやや東から、西は土屋町通（浄福寺通の一筋西）を越えて西へつづくものとして描かれ「此堀跡今ナホ存」と注記が加えられているものである。『史蹟勝地報告』も、この堀跡が西へ長くつづくことを述べているので、第9図では破線でもってその西延長を表現しておくことにした。「聚楽城跡形勝」は、この堀跡を聚楽第の南堀とは見ていない趣であるが、上記『史蹟勝地報告』は聚楽第の南堀と想定しており、筆者もこれを支持する。

このように南堀と想定した帯状地の南肩に接して、中村町（H）と浮田町（I）が並んでいる。中村町の名は中村式部少輔屋敷の遺称と見られるし、また浮田町の名は宇喜多中納言秀家屋敷の遺称と見られる。すなわち堀に面する屋敷が存在したことを想像させてくれて、南堀の推定線をここに求める考えと整合する。

高さ三メートルの石壁は堀の北壁か

聚楽第北堀にかかわる遺構として早くから注目されてきたものは、一条通の一筋北にある栄町（旧阿波殿町）の、南につらなる家並みの背後に認められる南落ちの石壁である。それは第9図の中のJ～K間に連続し、比高は大きいところでおよそ三メートルに達する。この石壁は聚楽第北堀の北壁である可能性が考えられてきた。[注17]

京都市埋蔵文化財調査センターの試掘調査記録によれば、昭和六二年（一九八七）に、L地点のマンション建設に際しての試掘で、地下一メートルのところで北側に落ちる塀の肩を検出した。これと先に述べた石壁との距離は約一四メートルで、深さ現地表下二・八メートルであった。当然、北堀の南端を示していると考えたいところだが、そうすると堀の幅が一四メートルということになる。南の堀を五〇メートル幅、東の堀を三〇メートル幅と推定してきたのに、北の堀が幅一四メートルではいささか規模が小さすぎる。これをどう解すべきか。

堀の底に段差があった

ここで、先に述べた松林寺境内の南堀推定遺構において、本堂の建つ位置とその南の墓地部分とで五尺ほどの段差があったことを思い起こしていただきたい。このような段差は、第10図に示されているように東堀推定遺構でも認められた。とすると、北堀においても、堀の底にそのような段差があって当然であろう。

そこで、北堀推定遺構で認められた一四メートル幅のものを堀の深い部分と見、その南に東堀遺構と同じくらいの一〇メートルほどの幅の、底の浅い部分がつづいていたと考えることはできないであろうか。南堀は南辺に近いほうが深かったと見られるから、北堀は、対照的に北辺に近いほうに深い部分があり、浅い部分と合わせて三〇メートル近い幅であったと考えれば、北堀北岸と南岸の比高はずっと小さくなって、北岸石壁だけが異常に高い「堀としての不完全さ」が解消されるのではないか。大胆であるが筆者は以上のように考えて、北堀もおよそ三〇メートルの幅を想定しておきたい。そのほうが、一条を聚楽第北辺とする既往の説の大勢ともなじみやすいと思うのである。

西堀は長谷町の幅

東・南・北の堀を推定してきたが、では、西堀をどこに想定すればよいか。

先に論じたように、聚楽第の内城は「四方千間」（厳密には一〇三一間）という。この大きさから、残る東西の幅を計算しつつ想定した西堀のラインが、第9図に示したとおり、浄福寺通を東肩とする約三〇メートル幅のそれである。

この位置に想定するにあたっては、特に長谷町《ながたに》（S）の広がりに依拠したところが大きい。それはこの町の名前の起源について、『京都坊目誌』が次のように記しているからである。

聚楽盛時高台院夫人の居館此附近に位置す。当時其園囿《えんゆう》に流水あり。両岸長く峙《そばだ》ち自ら渓谷の形状を為す。

がゆえに、「長谷」の名称が起こったという。これはきわめて注目すべき記載である。高台院居館は『駒井日記』文禄四年（一五九五）四月一〇日条に記された「西之丸」にあたると思われる。そうであれば「西之丸」の広さは「廻《まわり》百三拾間」すなわち二三四メートルであるから、正方形であったと仮定すれば一辺五八メートルあまりにすぎない小さいものとなる。それは現在の高台院町域（M）の三分ノ二に収まってしまう。

つまり『京都坊目誌』が言うように、高台院の居館の敷地内にあった園囿（庭園）の中に長谷町までが含まれていたなどとは考えられない。

長谷町は東西幅約三〇メートルで東堀の推定幅と等しいこと、また「両岸長く峙ち」と述べられたありようなどから、「高台院居館内の園囿の谷」というよりも、聚楽第内城西堀の遺構・遺称と考えるのが正しいと思われる。

（三）　聚楽第内城の四辺の長さと三つの門の推定位置

『駒井日記』では、周囲約一〇〇〇間

先に引用した『駒井日記』は、豊臣秀次の右筆駒井重勝の日記で、聚楽第と同時代の史料として信憑性が高い。その文禄四年（一五九五）四月一〇日条には、何度も引用するように、以下のような記述がある。

聚楽柵木通間数　一、南二丸門より北之門迄四百五拾間　一、北之門より西之門迄三百五拾五間

一、西之門より南之門迄弐百弐拾弐間　合千三拾壱間　但十七町壱段切五間

ここに記された三つの門の間の距離を合計すると、一〇二七間となり、「合千三拾壱間」とある数字よりも四間違う。が、これは誤差の範囲内と片づけてさしつかえなく、要するに一〇三〇間内外、さらに簡単に言えば約一〇〇〇間の大きさであったと読んで大過ない。

『駒井日記』の引用の末尾に、「十七町壱段切五間」と記された数字は距離を示すもので、一町は六〇間、「壱段」とはその一〇分ノ一つまり六間のことであるという桜井成広の指摘[注18]は正しいと思われる。この考えに従うと、「十七町壱段切五間」はまさしく一〇三一間になるからである。

地図上で測ると一〇七九間

ではこの文献から得られた数値と、地図上で求めた聚楽第の範囲は、合致するのかどうかを確認しよう。

第9図の中で、N、O、P、Qの四点は、それぞれ堀の内側の肩のコーナーを指すものとする。二五〇〇分ノ一図上の概測では、四つのポイント間の距離は次のように測れる。

西辺N—O　二五・六センチメートル　実長六四〇メートル

南辺O—P　一三・三センチメートル　実長三三二メートル

東辺P—Q　二六センチメートル　実長六五〇メートル

北辺Q—N　一二・八センチメートル　実長三二〇メートル

四辺の長さを合計すると、一九四二メートルとなり、これを間（約一・八メートル）の単位で表わすと約一〇七九間となる。これは文献から得られた一〇三一間より四八間長い。

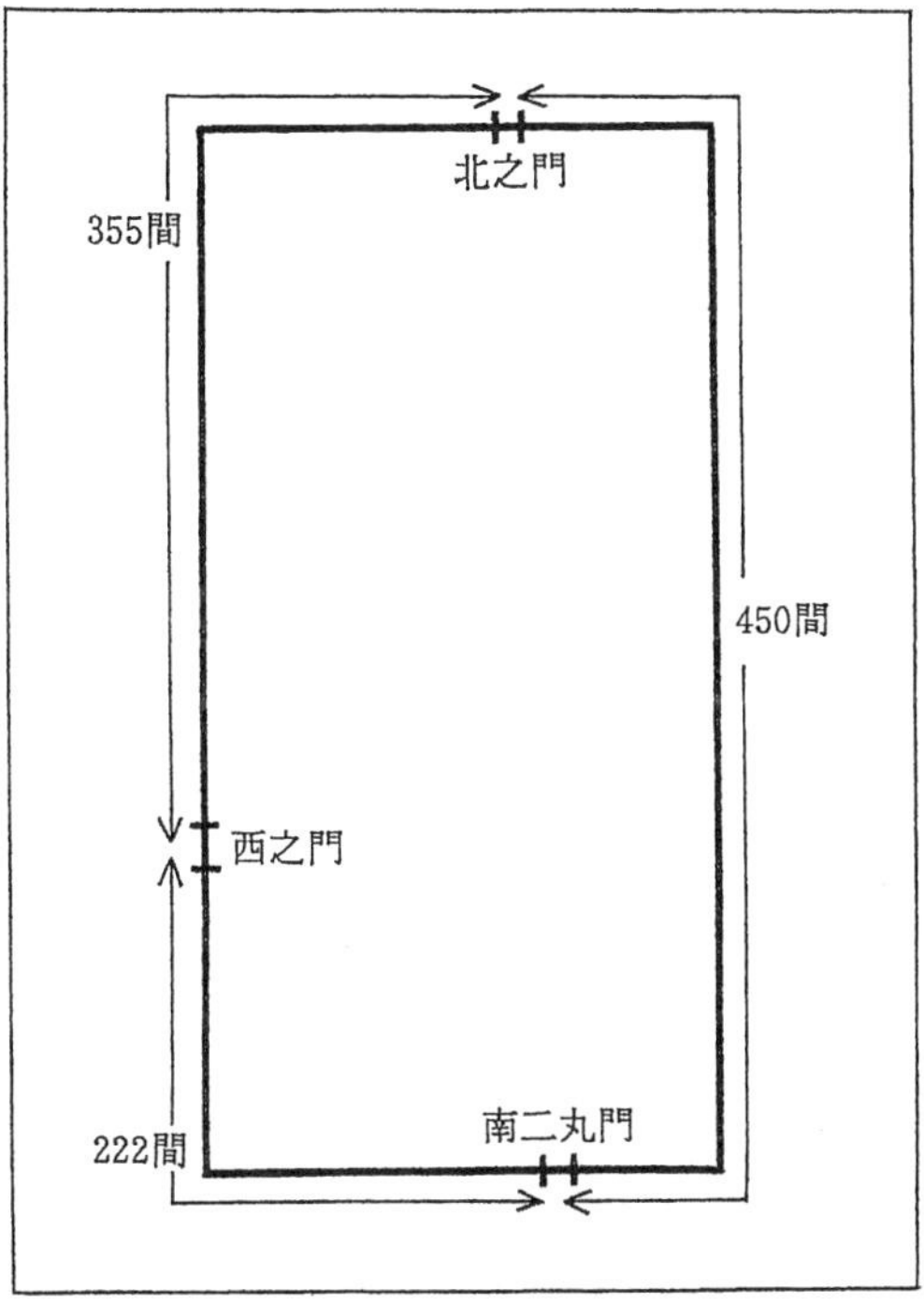

第12図　『駒井日記』による聚楽第の門の距離

堀の岸の石壁ぎりぎりでは測れない

しかし一〇三一間は決して堀の肩で測った数値ではない。「柵木通間数」というのが具体的にどこの測定値を指すのか、筆者には正しく理解できないが、一般的な城壁のありようでは、堀の肩の上に石垣が積まれ、さらにその上に上壁がのっているという状態であり、このことを考えれば、四辺間数は実際にはN—O—P—Q線よりかなり内側でしか測られえなかったことになる。

そこでいま、仮に各辺より一〇メートル（五間あまり）内側の線（点線）で測られたものと仮定すれば、四辺の合計は八〇メートル短くなり、およそ一八六〇メートルあまり、すなわち一〇三四間という数値になる。この際、細かな数値は意味がないが、N—O—P—Qを結ぶ長方形が、文献史料が伝える聚楽第内城の大きさにきわめて近いものであることは、理解を得られたと考える。

北門の位置を想定する

さて、上記の『駒井日記』の記述で、周辺距離の数値も重要であるが、もう一つ見のがせないのが三つの門の記述である。つまり聚楽第四辺の長さを語るとき、「南二丸門より北之門迄」というふうに、「南二丸門」「北之門」「西之門」が出ており、東門はなかったことがわかる。その三門の位置を推考してみよう。

第9図の中で、北堀の北壁と考えられるJ—K石壁の途中Rの下の黒い小さな四角形表示は、比高三メートルの石壁がその箇所だけ南へ突出していることを示したものである。そこで仮にこの石壁突

出を、北堀を渡る橋の取付け口と憶測し、そこから南へ堀を渡った二重丸印地点に北ノ門を想定する。

南門は巳の方向で、日暮門と呼ばれた

『駒井日記』は「南二丸門より北之門迄四百五拾間」と言うのであるから、想定した北ノ門から東壁をまわって南二ノ丸門まで四五〇間＝八一〇メートルの距離を実際に地図上で測ると、日暮通と南堀北岸の交点の二重丸印点に達する。

聚楽第には、日暮門と俗称される南門があったことはすでに紹介したとおり、たとえば『菟芸泥赴』は日暮門について、

聚楽城の巳の方に有て南にむかへる門也。其工み美々しく、見る人立さらで日をくらす故、名付たり。今の日暮通は其門ありし筋とかや。

と記す。

「巳の方」という方位は、南東ないし南南東にあたる。南門は決して聚楽第の真南にあったのではなく、南東ないし南南東にずれていたのである。そして、南門が日暮門と呼ばれたことが、現在の地名「日暮通」に伝承されたとすれば、いま二重丸印を付けた南堀北岸の地点は、日暮門の位置にふさわしい。

さらに加えて言えば、南堀を南へ渡って宇喜多屋敷と中村屋敷の間を抜けることができる位置に門が建つことになる点でも、この南辺二重丸印地点は門址として適切である。

西門は下長者町通と西堀東壁の交点付近

ここまでで、北門と南門は推定したが、残る西門はどうだろうか。先の『駒井日記』では「北之門より西之門迄三百五拾五間」「西之門より南之門迄弐百弐拾弐間」とある。つまり西門は、北門から三五五間＝六四〇メートル、南門から二二二間＝四〇〇メートルの位置だと言うのである。その地点を地図上で見ると、これまた興味深いことに、ほぼ下長者通と西堀東壁の交点付近になる。大胆な試案ではあるが、三門の推定地点はおそらく大きくはずれていないと思う。

以上で聚楽第内城の位置・規模・門の位置などを考察したが、聚楽第内城に関しては、地名を手掛かりとして、さらに詳細な研究が可能である。たとえば、城内にあった本丸（山里町、下山里町、須浜池町、須浜東町を含む一帯）、その南の二の丸、北の丸（旧本丸町）などの配置であるが、別の機会にゆずる。

五　お土居の謎

お土居＝聚楽第城下町をめぐる土塁

秀吉は聚楽第を建設したが、それは単にみずからの居住する館ないし城をつくったというだけではなく、同時に、京都を城下町として再構築したということである。武家屋敷を造成し、寺院や町々を移転させ、新しい街路を通し、皇居を修理した。こうして京都の全体像は、聚楽第城下町と名付けるべき都市に変貌した。この聚楽第城下町の全体を囲み、洛中と洛外を区画するのが、「お土居」である。

お土居は、南北約八・五キロメートル、東西三・五キロメートルの範囲をめぐる全長約二二キロメートル（五里二六町）の長大な土塁で、その土塁には平行して堀が掘られていた。

秀吉が聚楽第の造営を開始したのは天正一四年（一五八六）、それから上記のビッグプロジェクトが次々と実施され、京都内外は、激動の数年がつづいた。諸事業がほぼ完了して、京都の城下町化が一応完成の域に達したのは、天正一九年と見てよいであろう。お土居もまたその天正一九年の構築である。

お土居の構築は、日本都市史上、画期的な出来事であったことはまぎれもない。中国でもヨーロッパでも、都市は周囲を壁で囲んでしまうが、日本では少なく、ましてや都城というか、首都クラスの城下町というか、とにかく国内最大の都市で、都市域全体を囲繞《いにょう》する人工囲壁を有するなどということは、空前絶後であった。

お土居の建設は、聚楽第囲郭の建設と、ある種のセットをなすものとして構想された可能性があるだろう。なぜなら、両者は、防壁という機能でまったく共通するものだからである。そしてこのことが、お土居のプランのもつ謎とかかわってくるのである。

その謎とは何か。まずはお土居のプラン（平面図）を眺めることにしよう。

自然地形からは出てこない「突出」と「直角折れ」部分

第13図は、「寛永後万治前　洛中絵図」および、二万分ノ一仮整地形図にもとづいて描いた、いわゆる「お土居」の平面プラン復原図である。東南隅の破線の部分は、洛中絵図から仮製地形図への移記がむずかしい部分にあたるため、一応推定線と言わねばならないが、他のラインは正確である。

問題はこの平面図形がどのようにして決められたのか、ということである。

東の辺を見よう。これが鴨川の流路に沿ったラインであることは言うまでもないであろう。

問題は西の辺である。特に図上のAの突出部と、Bの直角折れの箇所が目につく。これらの「突出」と「直角折れ」には、どのような意味があるのだろうか。おそらくこのような問いが発せられたことはこれまでになかったことであろう。しかしこの形は奇妙ではないか。

図の西辺、つまりC―Bのラインは、紙屋川＝平安京西堀川＝天神川の流路にかかわって設定されたと見てよい。しかしその紙屋川は、決してAの突出部を迂回するように流れていたというわけではない。それは図のとおりである。したがって、Aの突出部がなぜできたのかという謎は、紙屋川の流路との関係では解けない。

D―E―Fのラインは、幅八五メートルの平安京朱雀大路ラインの西辺および東辺に一致する。D

—Eは朱雀大路の西辺、E—Fは同じく東辺である。したがって、ここにお土居が設定された理由はあると言ってよい。しかし西堀川のライン（C—B）から朱雀大路のライン（D—E—F）へのいわば「乗り換え」が、なぜ、B—Dで行なわれたのか、言い換えると、なぜBで東に直角に折れなけれ

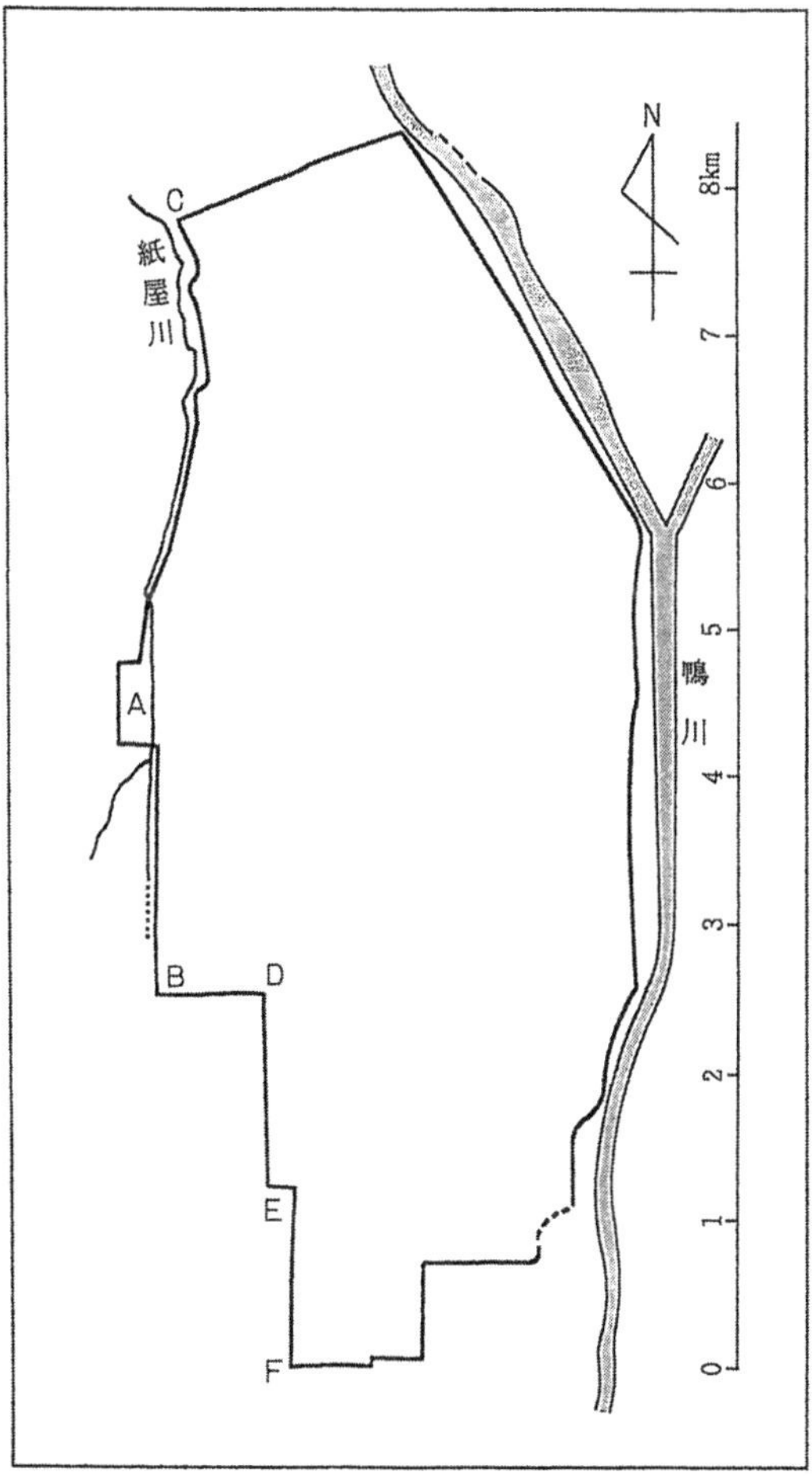

第13図　「お土居」の平面プラン復原図

ばならないのかという謎は、このままでは解けない。

秀吉には何らかの理由が必ずあったはずである。筆者はそれを、聚楽第囲郭との関係で解くことができると、考えている。

お土居のラインに聚楽第内城・外郭プランをはめ込む

第14図は第13図に、聚楽第内城・外郭プランなどを付け加えたものである。

イ―ロ―ハ―ニの区画が、『兼見卿記』に「中四方千間」と表現された、「内城」である。南北五五〇メートル、東西三五〇メートル、四辺合計一八〇〇メートル＝一〇〇〇間である。

ホ―ヘ―ト―チの区画が、『太閤記』に「四方三千歩の石のついがき」と記された、「外郭」で、堀川（平安京東堀川）や千本通とのかかわりなどから推定した区画である。

以上は聚楽第内城の位置や大きさ、外郭の存在、その位置や大きさを推定したもので、それらについてはすでにくわしく述べた。

外郭という表現は、城下町囲郭としてのお土居とまぎらわしいが、ここでは峻別して用いていることをことわっておかねばならない。外郭は、上級武家屋敷が集積していたと推定される部分で、町ではなく、明らかに城郭の部分に属するものである。

さて、第14図を観察すると、いくつかの注目すべき「地図上の事実」に気がつく。それらを以下に列記しよう。

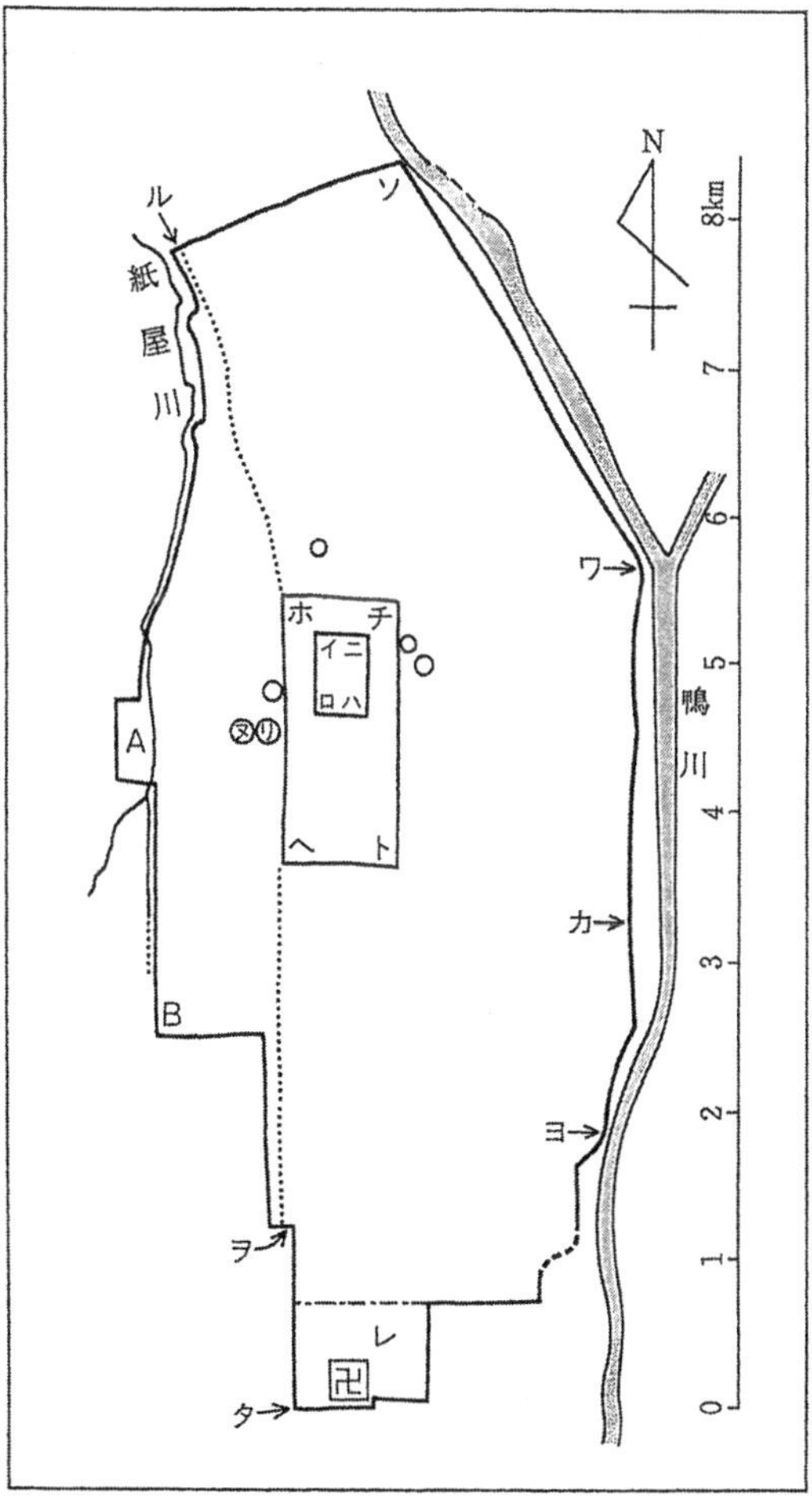

第14図　聚楽第内城・外郭プラン

聚楽第西辺への防御意識

(1)　聚楽第外郭の西辺とお土居の西辺（紙屋川＝西堀川ライン）との距離は、聚楽第外郭の東西幅と一致する。つまり、聚楽第外郭の西方には、外郭東西幅と同じほどの距離を置くことによって、聚楽第西方の防御が万全となるよう、配慮されているようすがうかがえる。

(2)　聚楽第の外郭の外まわりに数個の丸印を付したが、これは聚楽第外郭をはみ出して位置していたと推定される秀吉配下有力大名の屋敷地である。特にそのうちの、リおよびヌが、外郭西辺の南北距離（ホ―ヘ）の中央にあたり、かつ、そのいわば西方延長に、第13図で注目したAの突出部があり、Aの突出部の南北長は、外郭西辺ホ―ヘ距離の中央の三分ノ一ほどを占める、という事実がある。このことはリ、ヌの大名屋敷、ならびにAの突出が聚楽第西辺の防御とかかわる計画の産物であることをうかがわせるに足る。大胆に言えば、Aの突出部は、お土居の西外に対する「見張り」のような施設としてつくられたと考えることが可能である。

(3)　B点における直角折れも、外郭西南角のへ点における直角折れと対応するものと理解できるのではないか、と考えられる。

以上のように見てくると、お土居の平面形は、聚楽第内城・外郭の守備・防御という観点からできあがった面が、強く感じられる。そこで、さらに歩を進めて、その観点を拡大して図上で注目すべき事実を拾うと、次のようなことをあげることができる。

京への出入口から聚楽第までの距離を充分にとっておく

(4)　京への出入りには京の七口と言って、七つの出入口があると言われるが、その七口のうちの二つ、すなわち矢印ルの長坂口と矢印ヲの丹波口は、外郭西北隅のホ点および西南隅のへ点のそれぞれからほぼ等距離にある（つまり、ホ―ル＝ヘ―ヲとなっている）。さらにル―ヲ間には、ほかに「口」が設けられていない。

これも聚楽第西辺の防御と深く関係しそうである。

第13図のD―E―Fのラインの謎にも一つの解答が与えられそうだ。つまり、もしもB―Dの東西ラインをはじめからもう八〇メートル、東へ延ばして、D―E―Fが一直線になっていたとしたら、第14図のヲ（第13図のE）にあった丹波口は、もっと北上して、D地点となり、聚楽第外郭までの距離は第14図のヘ―ヲの半分になってしまう。これでは、入口から聚楽第外郭までの距離が近すぎるのである。

(5)　七口のうちのほかの二つ、すなわち矢印ワの大原口と、矢印カの粟田口も、聚楽第外郭の東北隅チ点と東南隅ト点のそれぞれから、ほぼ等距離に位置すること。

七口のうちのそのほかの出入口は、聚楽第外郭まで充分に距離がある。

(6)　南端のお土居突出部（レ）が、東寺をつつみ込むために広げられたものと見、仮に、その突出部を消去して、南辺を一点鎖線のラインと考えてみよう。

そうすると、聚楽第外郭南辺のヘ―ト線からレ区域北辺の一点鎖線間までの距離は、聚楽第外郭北辺のホ―チ線とお土居北端のソ点の距離がほぼ等しくなる。つまり、聚楽第外郭は、お土居南北距離の中央という位置になる。

「お土居」は秀吉の恐怖心の表現

以上のように見てくると、お土居の平面形は、ただひたすらに聚楽第の守備・防御という原理を貫いて構築されていることを認めざるをえない。従来、お土居の防御性について語られるときは、どちらかと言えば、東辺内側に並べられた長大な寺院列（寺町）と、鴨川とをセットにしてとらえ、東方への配慮に重点を置いたと理解する傾向が強かったと思う。しかし以上のように検証してみると、実はそうとばかりは言えず、むしろ西方の防御の配慮に、はるかに注目すべきものがあると言わざるをえないありようが、明らかになったと思う。

それはいったい、なぜなのか。

おそらくそれは、明智光秀が西方から本能寺を攻撃して成功したという事実を教訓とするものであったろう、と見るのが筆者の推測である。そのいきさつについては、先に「第三章　光秀、謀反の道」の項でくわしく述べたとおりである。

いずれにしても、平安京成立以来の都市の歴史を大きく変え、京都に城下町が成立したことを示す象徴とも言うべき「お土居」が、どうやら、天下人の、奇襲に対する用心深さの論理で築かれたものであり、もっぱら保身のための三重の囲郭の一環としてつくられたもの以外の何ものでもないと知ると、筆者はいささかほほえましい思いを禁じえない。

最後に聚楽第内城、外郭、お土居の三重の囲郭を現在の地図上にもう一度再現して（第15図）、その広大な構想と秀吉の心事をしのぶよすがとしたい。

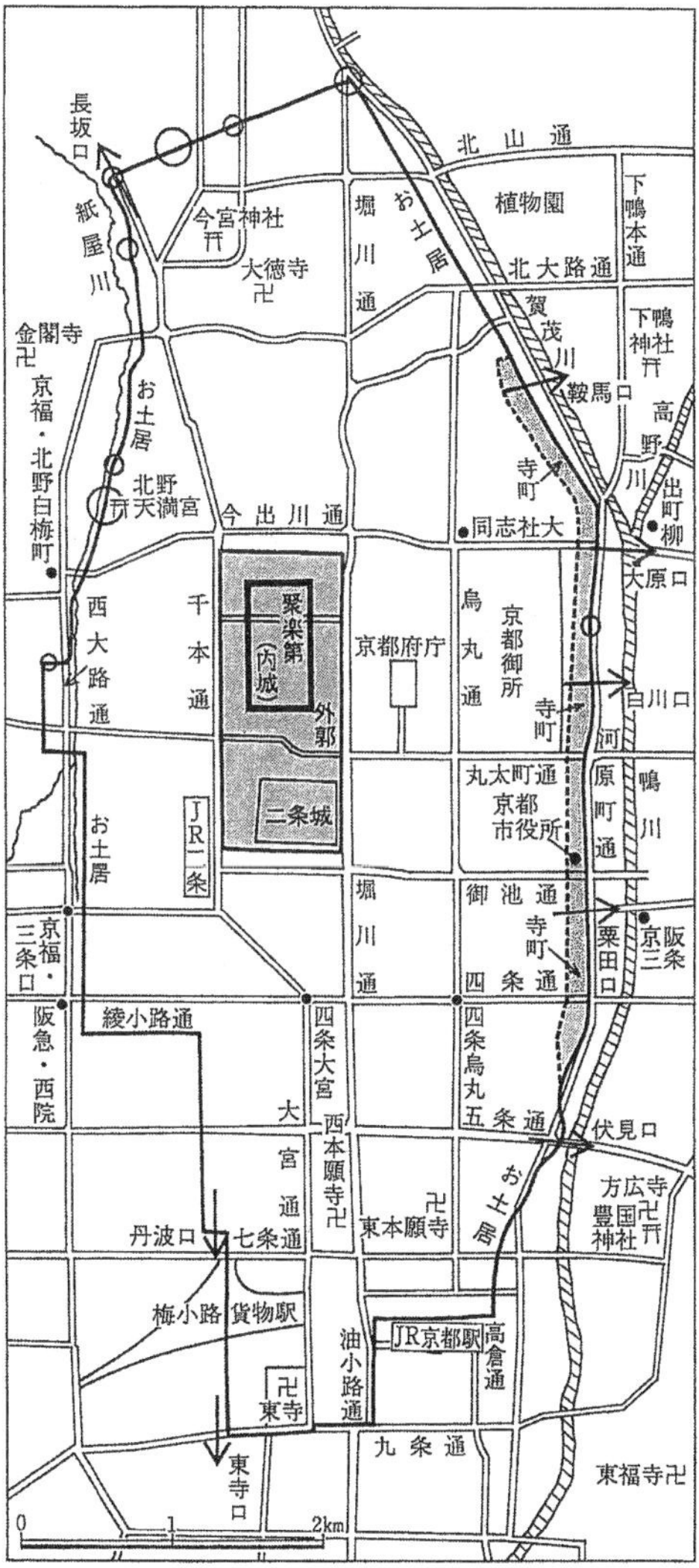

第15図　聚楽第とお土居
（○印地点は「お土居」遺構現存地）

注

［1］ルイス・フロイス『日本耶蘇会年報』。

［2］大矢義明「旧二条城跡」、『仏教芸術』一一五号、昭和五二年。

［3］京都国立博物館『洛中洛外図』、同館特展目録二〇。

［4］京を語る会、復刻図集『近世京都の珍しい古地図七種』所収。

［5］『京都の歴史』第四巻は、ほかに「田村備前町」を田村備前守邸にちなむものとしてあげているが、『京都坊目誌』（上京第一四学区）によると、「田村備前町」は「田村町」「備前町」「西備前町」が明治二年に合併したものであると言い、また、その位置が城前面の二本の堀の間の馬場相当地点である可能性もありそうなので、当面留保して掲げないことにする。

［6］寛永三年（一六二六）に拡張された二条城を指す。

［7］林屋辰三郎ほか『京都市の地名』、平凡社・日本歴史地名大系二七、「聚楽第」の項。

［8］藤岡謙二郎『日本歴史地理序説』、塙書房、昭和三七年、二一九頁。

渡辺武「豊臣時代大坂城の三の丸と惣構について――『僊台武鑑』所収「大坂冬の陣配陣図」を中心に」、大阪市文化財協会編『難波宮址の研究、第七、論考篇』、昭和五六年。

［9］聚楽第ののちに営まれる伏見城においても、本丸、二の丸、名護屋丸、治部少丸、松ノ丸等から成る内城域と、京町のすぐ東裏にまで達した諸大名屋敷地区を含む外郭域との二重の構造があって、大坂城、聚楽第のあとを継いだと考えることができそうである。

［10］ルイス・フロイス『日本史』、天正一九年（『史料京都の歴史』七、所引）。

〔11〕『史料京都の歴史』七、上京区、「桃園学区」の記載参照。
〔12〕京都府埋蔵文化財調査研究センター調査略報『平安京跡（聚楽第跡）』、平成二年。
〔13〕注〔12〕に同じ。
〔14〕西田直二郎「聚楽第遺址」、『京都府史蹟勝地調査会報告』第一冊、大正八年。
〔15〕玉村登志夫「聚楽第跡立会調査概要」、『平安宮跡　京都市埋蔵文化財年次報告一九七四―一』。
〔16〕注〔14〕に同じ。
〔17〕注〔14〕の報告文では、この石壁をくわしく記述して堀の北壁であることを示唆するように読めるが、そのように断言しているわけではない。京都市埋蔵文化財調査センターや京都府埋蔵文化財調査研究センターの聚楽第関係遺構調査経験者の間では、これを北堀北壁とする見方が定着しているという印象を受けた。
〔18〕桜井成広『豊臣秀吉の居城　聚楽第・伏見城編』、日本城郭資料館出版会、昭和四六年、九七頁。

なお、小論の執筆にあたり、財団法人京都府埋蔵文化財調査研究センターの平良泰久・水谷寿克・森島康雄、京都市埋蔵文化財調査センターの浪貝毅・玉村登志夫・梶川敏夫各氏にお世話になった。お礼、申し上げる。

第五章　伏見城と城下町成立の意味

はじめに―秀吉は「普請狂」か？―

豊臣秀吉は「普請狂《ふしんきよう》」（土木狂い）と言われたそうである。この言葉をもし秀吉が耳にしたなら、彼はそのときどう思ったことだろう。思わずニヤリとしたか、あるいは顔のほころびをとりつくろって、心の奥でほくそ笑んだか、まずそのへんのところだろうと、筆者は思う。なぜそう思うか。

秀吉という人は、確かに多様で多数の土木事業を命令し、推進した。試みに京都と伏見・宇治の周辺で行なった彼の事業を列挙してみよう。

まず京都で、秀吉は聚楽第《じゆらくだい》を営み、市中に新しい南北街路を何本か通して、南北一町東西半町の区画を単位とするいわゆる「天正地割」を施し、前章でも述べたとおり市街の東縁と北方にたくさんの寺院を移し集めて「寺町」「寺之内」地区をつくり、それら全体をとり囲む延長五里二六町（二二キロメートル）の「お土居《どい》」を構えた。

伏見を中心とした一帯では、伏見城を築き城下町を経営したのをはじめとして、次のようないくつ

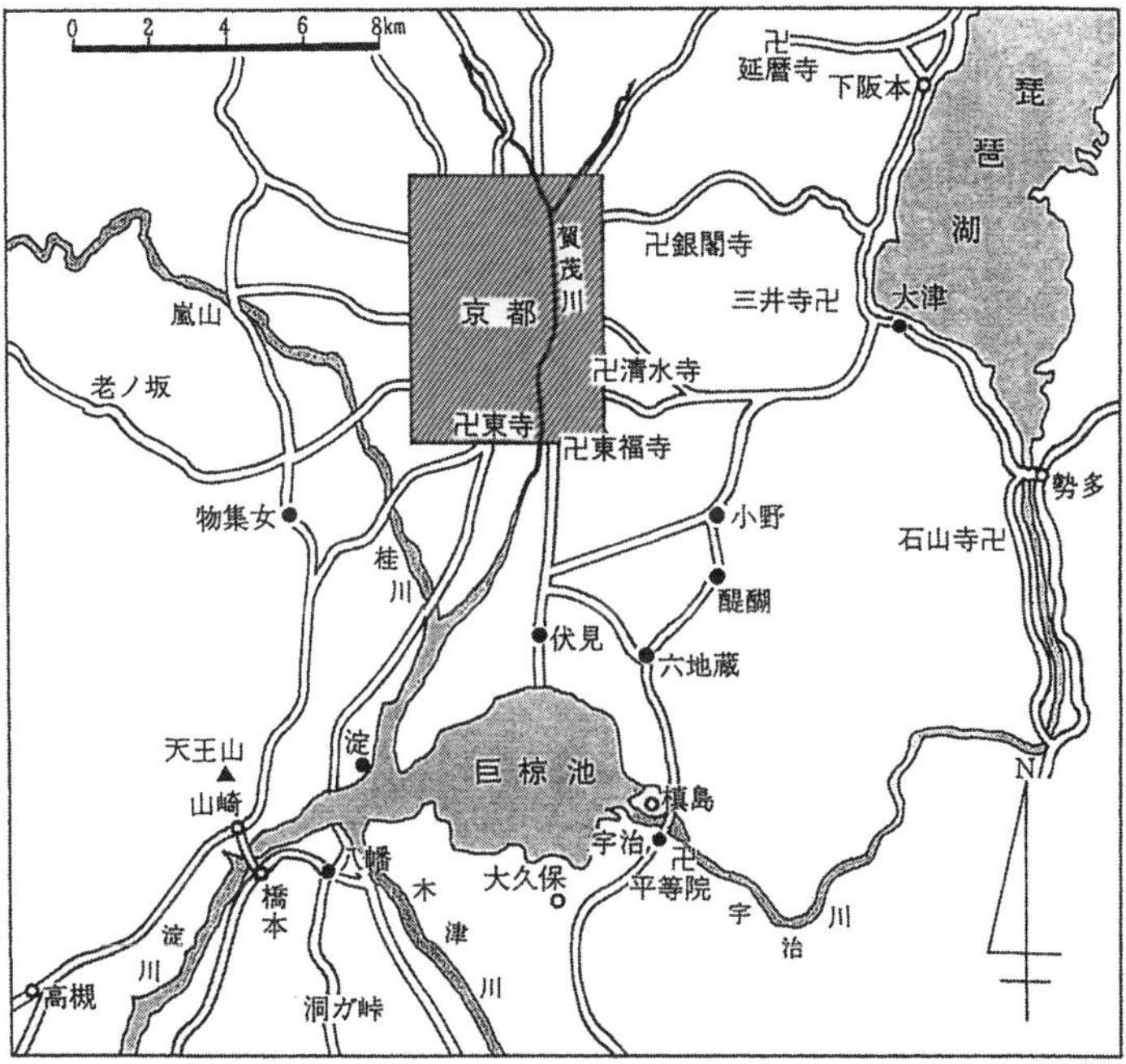

第16図　京都と巨椋池

かの事業を実施している。

伏見城が築かれた丘陵の南には、漫々たる風情で巨椋《おぐら》池が広がっていた[注1]。宇治の谷口を出た宇治川は、三本に枝分かれはするものの、ほぼ直線的にこの巨椋池に流れ込んでいた（第17図）。ところが秀吉は、文禄三年（一五九四）一〇月、加賀の前田利家に命じて「槇島堤《まきしまつつみ》」を築かせ、宇治川の流路を、巨椋池の東に沿うように迂回させ、桃山丘陵の南あたりまで導いたのである[注2]。

秀吉はまた、巨椋池の池中を南北に貫く長蛇のような「小倉堤」を築きあげ、その堤上を「大和街

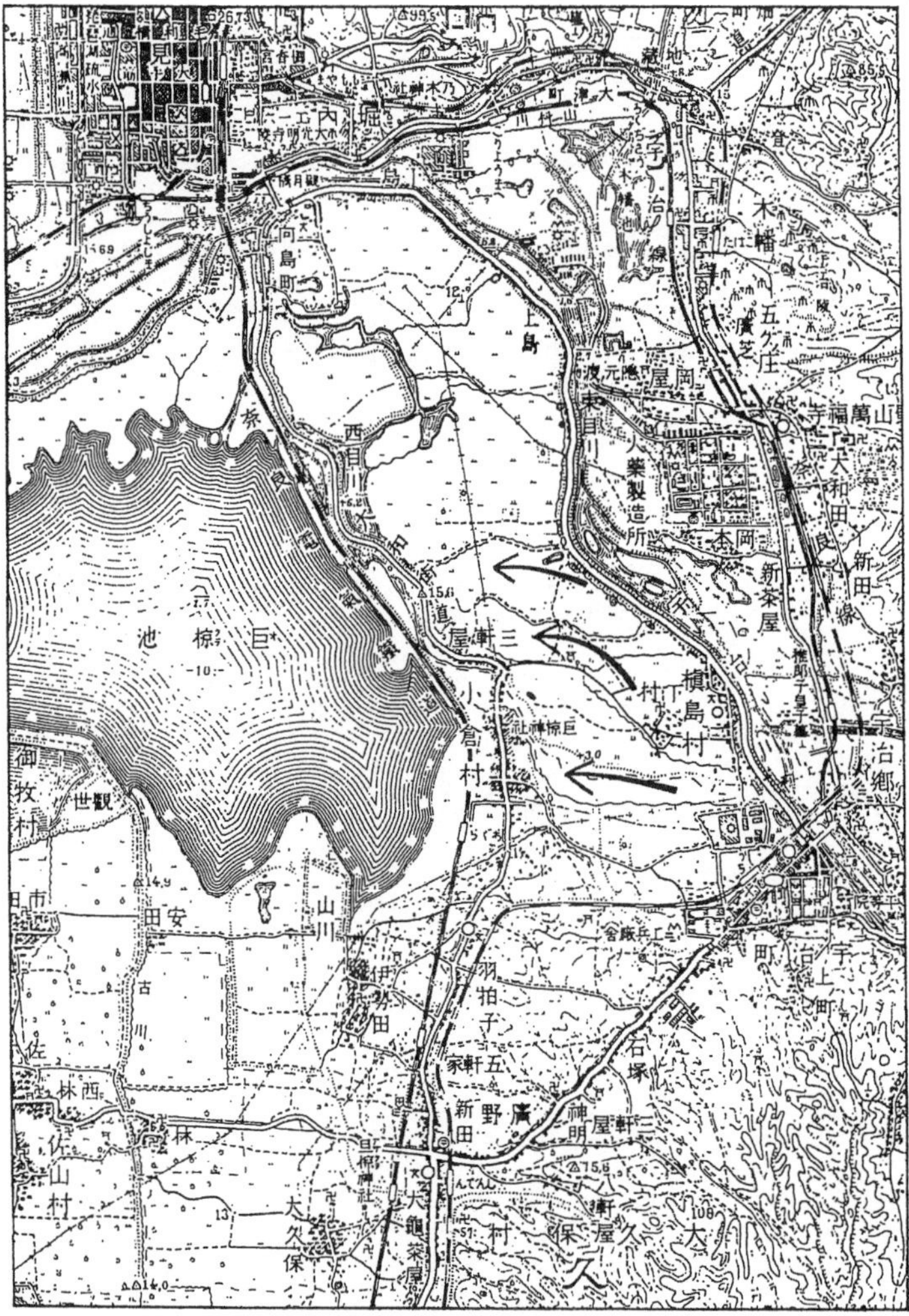

第17図　伏見・宇治・巨椋池と周辺
（大正２年測量、昭和７年要部修正測量、1/50,000京都東南部）

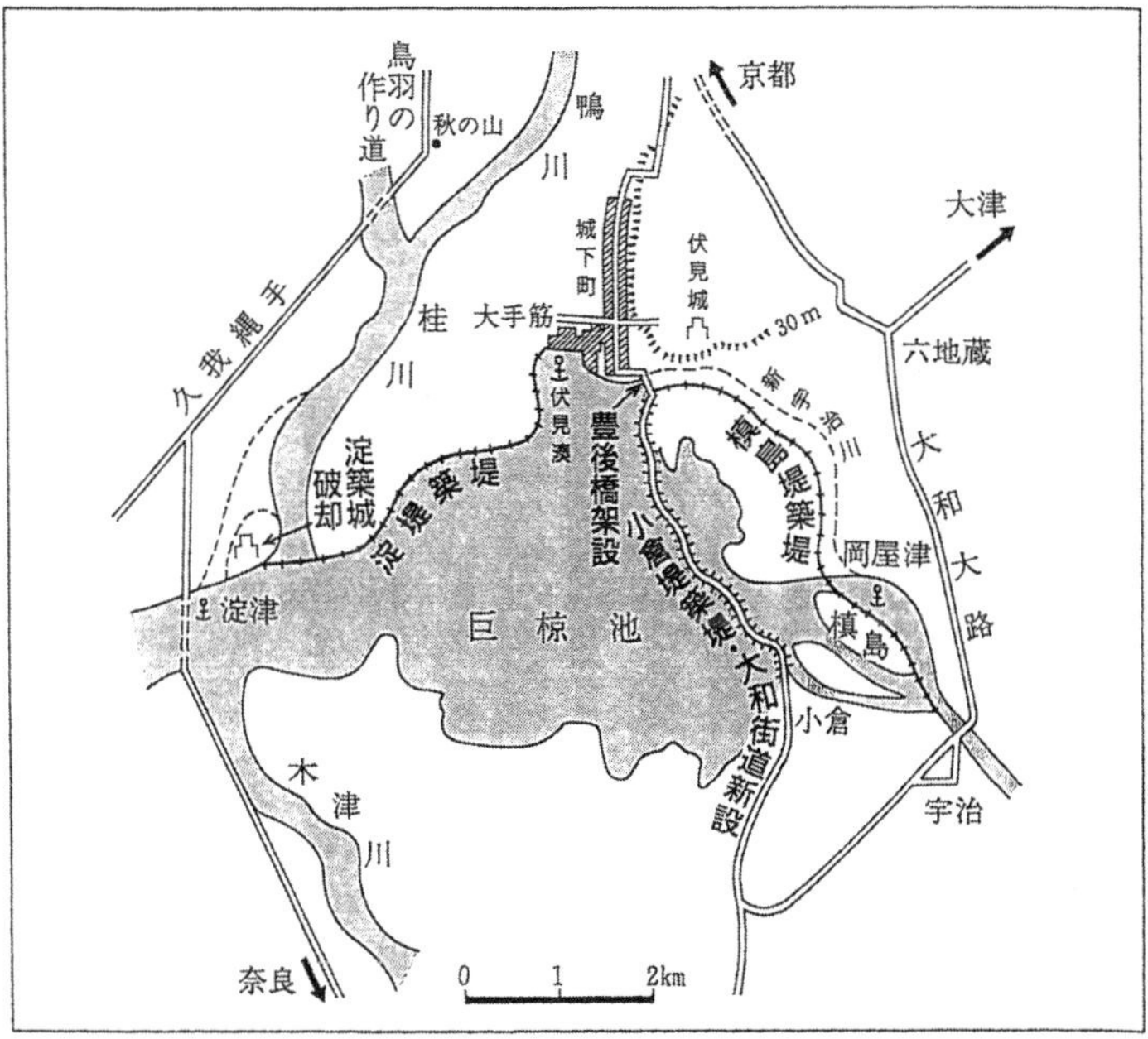

第18図　秀吉以前からの景観と秀吉の諸事業の概要（太字が秀吉の事業）

道」とし、城下の入口にあたる新宇治川の渡河点には「豊後橋」を架設した。[注3] ほかに、巨椋池の北西岸側にも、「淀堤」と呼ぶ堤を築いている。そればかりではない。淀城を築造し、五年後に破却したことも、伏見周辺における、まぎれもなく大きな土木事業のうちであった（第18図）。

庶民に理解できない工事

以上の諸事業のうち、京都におけるそれは、現代のわれわれにも比較的わかりやすいように、当時の人々にも、京都の城下町化の工事として、一応の「理解」を得ることができたのではないだろうか。

それに対して、伏見周辺の諸事業

については、当時から理解をしかねた人々が多いのではないかと思う。

たとえば淀城の修築と破却――。愛妾「茶々（淀殿）」の懐妊を喜んで、その産所としてつくり与えたと通説に言うとおりに人が理解したとしよう。それは武将の人間的な側面を示すものとして、いくらかの愛嬌が感じられるにしても、少なくとも不可解なことではない。が、五年後にその城と城下は跡かたも残さないほどに毀《こぼ》ち棄てられてしまう。そのとき、そのように処置した秀吉の真意が伝わったかどうかは疑わしく、そうであれば、城の普請などまるで戯《ざ》れごとのように、庶民の目にうつることになったのではないかと思う。

宇治川河道《かどう》延長のための槙島堤の築成や、巨椋池中に小倉堤をつくりあげて大和街道を通したことは、淀城修築・破却の一件よりもっと難解な、あるいは「理解に苦しむ」事業と、多くの人々に受けとめられたのではなかろうか。第18図に示したように、古代から中世を通じて巨椋池の東岸には岡屋津という湊《みなと》があった。[注4]この湊は瀬戸内海・難波江から淀川をさかのぼってきた水路の東端に位置し、琵琶湖水路に臨む大津に比肩し、山科《やましな》を介して大津といわば背中合わせをなしてあい対する要津《ようしん》として、機能しつづけてきたのである。槙島堤も小倉堤も、その岡屋津の目の前に立ちふさがってピシャリと航路をとざしてしまう「鉄の扉」のようなものであった。言うまでもなく、岡屋津の命運は、これで一瞬のうちに尽きた。津の人々にとって、秀吉の所業は「理解に苦しむ」どころの話ではなかったであろう。[注5]

工事にかり出される側の人々にとって、あるいは工事によって伝来の土地を奪われ生業を奪われることになった人々にとって、秀吉の土木事業はしばしば「わけのわからない」ものであったに違いない。いや、腹心の部下たちにさえ、次々と発せられる工事命令相互間の脈絡がつかめなくなって、首をひねってしまうということがあったのではなかろうか。

次々と着手されていく各種の工事を貫く筋書きがわからなければ、各種の工事は個々バラバラのものととらえざるをえない。ということは、時々の「思いつき」だけによって衝動的に工事命令が発せられるといった状況と同じことになる。それは「狂」ということであろう。

だから、秀吉が「普請狂」と言われたということは、当時の世の中が、秀吉の土木事業の筋書きが見えない、読めないと告白したに等しい。いったい秀吉の土木事業、この際は伏見周辺の土木事業に、筋書きはなかったのであろうか。そんなことはない。「狂」であって天下人として生涯を終えることなど、できようはずがなかったからである。したがって、秀吉の側には秀吉の側の、はっきりとした筋書きがあった。是非善悪は別として、天下人としての論理が貫かれていたに違いない。「それが読めない」ということを、「普請狂」という言葉が告白しているのであるから、秀吉としては「ほくそ笑む思い」であったに違いないと、筆者は考えるのである。しかし、筆者は秀吉に笑われることをいさぎよしとしない。以下に彼の諸事業を貫く筋書きを言い当てて、秀吉のドキリとした顔が見たい。

一　なぜ宇治川の流れを変えたのか？

さて、槙島堤築堤工事が始まったのは、先に述べたように、文禄三年（一五九四）八月のことであった。これは宇治川の河道を変え、延長して桃山丘陵の南辺まで導くための工事である。この工事が、同年初頭から本格的に始められていた伏見城（指月新城）築造事業、およびほどなく同年末から始まる城下町造成事業とセットをなし、その一環をなすものであったことは、誰もがそう感じ、そう指摘するとおりである。そしてその場合、宇治川延長のねらいは、①伏見城下に湊を建設し、水運の便をはかること、②伏見城下南辺の外堀として機能させること、の二点にあったと言われ、それ以外の「ねらい」について言及されることは、たぶんなかった。

湊の造成と宇治川延長工事は無関係

しかし、宇治川延長のねらいがそこにあったというのは、かなり疑わしい。水運の目的のためならば、巨椋池に面する位置に湊をつくるか、あるいはもし湊をつくろうと考える地点が巨椋池に面していなければ、巨椋池に通じる短い水路を設け、それを確保するだけで充分であろう。わざわざ巨費を投じて、はるか彼方から「急流」のほまれ高い川筋を引いてくることはないのである。それはまったく合理的でない。

筆者のこの考えはたぶん正しく的を射ているようで、第18図に示したとおり、伏見湊は巨椋池に面していた。巨椋池が最初から伏見城下の南辺まであったのか、湊を造成するときに巨椋池を北へ広げたのかは判定を避けておくが、[注6]ともあれ巨椋池に直接おもてを開いて、伏見湊はつくられてあった。槇島堤によって導かれた宇治川の延長河道が、実は豊後橋のところまでであって、そこから先はもう巨椋池であることも、宇治川の延長と伏見湊の造成とが無関係であることを物語っていよう。

さらに、自然地理学的に見ると、伏見湊にとって宇治川河道の延長工事は、むしろマイナスの結果をもたらす。なぜならば、宇治川の水は豊後橋のところから巨椋池に解き放たれるのであるが、そういう場合、水はにわかに流速を減じるため土砂の運搬力が小さくなり、砂泥を堆積させて三角州をつくる働きを演じる。しかもその三角州ができていくであろう地点はまさに湊の前面にあたっているからである。当時といえどもこの程度の知識はあったはずで、それにもかかわらず宇治川の河道をここへ導いていることには、もっと積極的で説得力のある理由がなければならない。

なお、宇治川河道が城下南辺の外堀として導かれたなどという種類のものでないことも図上で明白で、もはや説明を要しないであろう。

以上のようにして、宇治川河道延長の「ねらい」に関する既往《きおう》の説を否定したということは、現時点でわれわれは「くらやみ」の中に立っているということである。大急ぎで筋書きの糸口を見つけなければならない。なぜ宇治川の流れを秀吉は変えたのかという、この項のテーマの解決は、しばらくあとにならざるをえないのである。
「糸口」は伏見城下町の町なかにある。

二　伏見「大手筋」の矛盾

今日、京都市伏見区でもっとも繁華な商店街をなしている「大手筋」は、城下町時代、その名のとおり伏見城大手（正門）に通じるメインストリートであった。ところが、メインストリートであるにもかかわらず、それが大手町通りと呼ばれず、大手筋と呼ばれたということは、いささか奇妙なことなのである。どうしてか。

「町通り」と「筋」

筋という用語の意味は、要するに町通りではないということである。このことを一枚の模式図で説明しよう。第19図上、A—G道路やB—H道路には、両側からたくさんの家々がおもてを向け合って櫛比《しっぴ》している。家々の多くが仮に商店ならば、その道はにぎやかな商店街をなすだろう。商店であるかどうかは、この際どちらでもよいが、中世から近世にかけての時代には、図のように一本の道に面した家並みが「町」を構成し、その中央の街路、A—GとかB—Hを、「町通り」と称した。それに対して、C—DとかE—Fの道路は、道沿いに家々はむろんあるが、どの家もその道におもて口を開

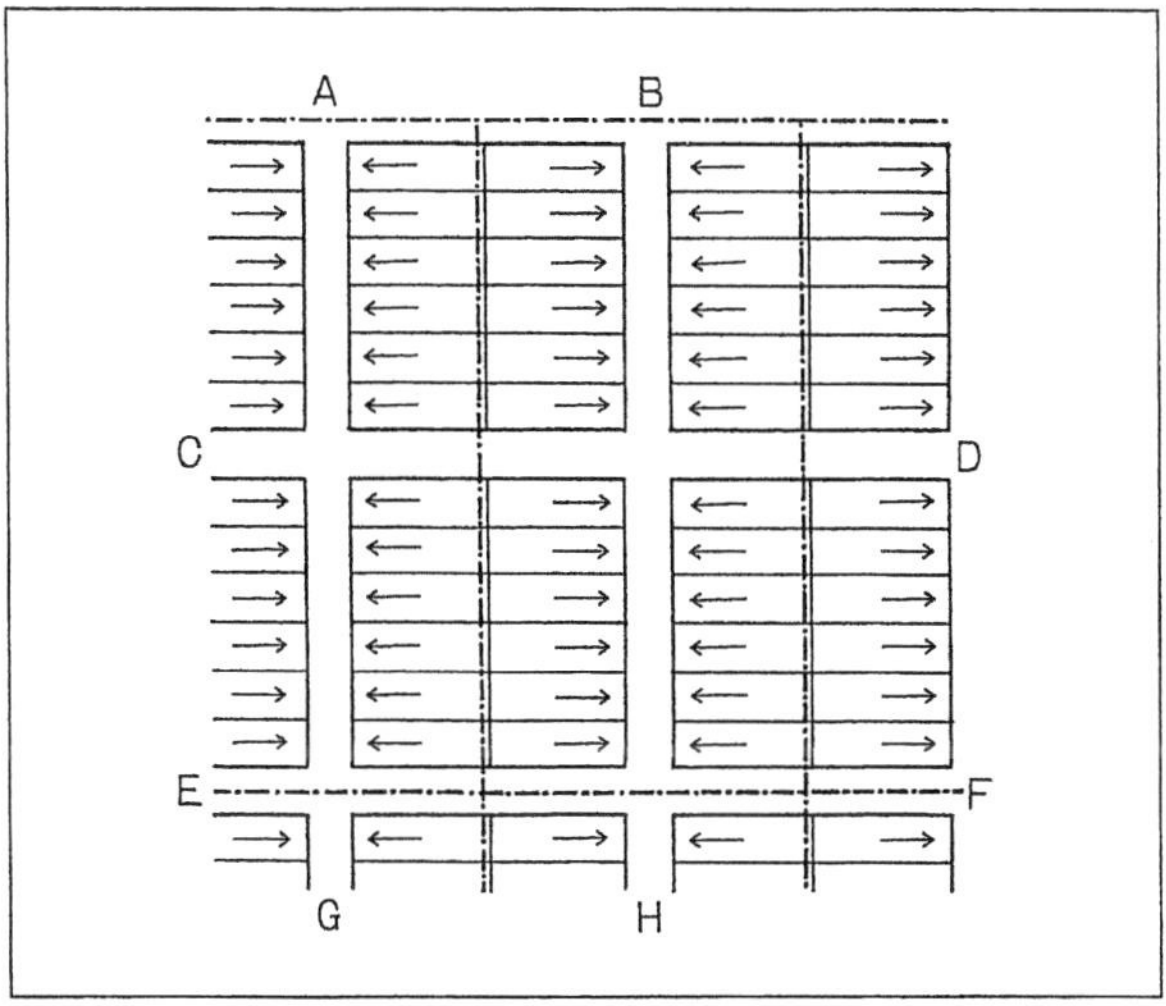

第19図　「町通り」と「筋」を示す模式図
（一点鎖線は町界、矢印は家の向きを表わす）

くことはなく、家々の横壁がつづく「横通り」（または「横丁」）であったにすぎない。このような道を、昔の人は「筋」と呼び、「町通り」と厳密に区別した。筋はしたがって、A—BやE—F道路上に例示したように、町界線とも一致することが多かったのである。

伏見の大手筋は「筋」であって「町通り」ではない

では伏見の大手筋は確かに「筋」であったろうか。それを見とどけておかねばならない。伏見城下町の町割は、城郭の築造が始められた年である文禄三年（一五九四）の暮れから、山城宮内少輔を町割奉行として進められたという。そのうち町人町の原初プランは、京町一丁目から一〇丁目（京町大黒町を含む。また京町七・八丁目は、各北南二丁から成る）ま

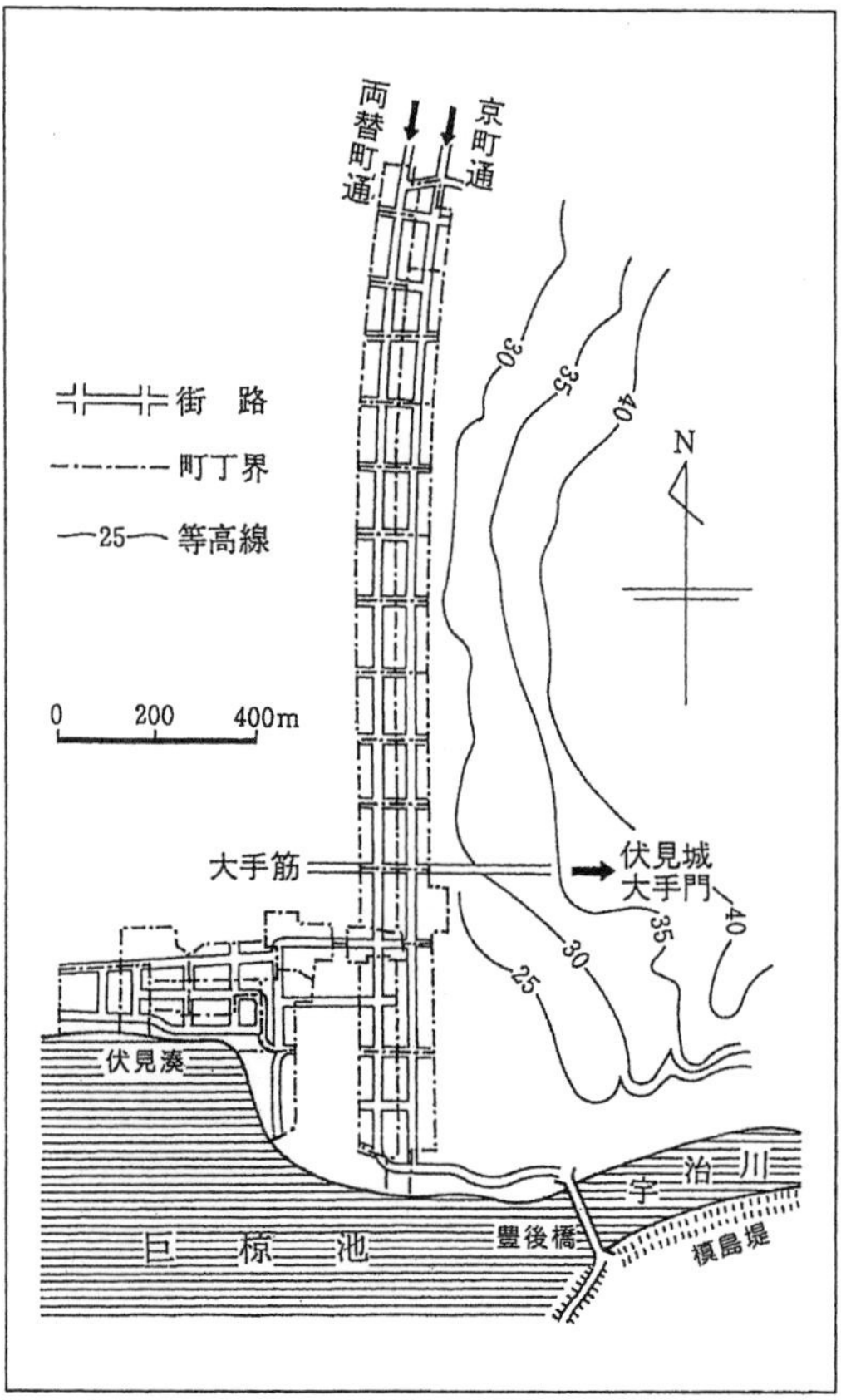

第20図　秀吉時代伏見城下町の町丁配置

での一三丁と、大坂町、上・中・下油掛町、帯刀町、高橋町、車町、塩屋町、南浜町、本鐘木町、本材木町、山崎町、鍛冶屋町、魚屋町、伊達町の一五町、合計二八町丁で、つづいて両替町（一五丁目まで）がつくられた。これらの町丁の配置は第20図のようになっており、京都に通じる街道である京町通を軸とした一帯と港津地区とに大別してとらえてよい。

大手筋は、右のうち京町通を軸とした一帯の平面構成に関係する。この地区の地割は、道幅を除いて南北およそ一二〇メートル（四〇丈）、東西六〇メートル（二〇丈）を標準としているが、町丁界線を見ると、東西方向の界線は道に一致し、南北方向の界線は道に一致しないというありようである。これは模式図として示した第19図のありようと同じで、それぞれの町家の正面が、したがって各町の頬《つら》が、いずれの町丁においても南北方向の街路に面し、東西方向の道には面していなかったということを語っている。大手筋は模式図のA―BとかE―Fに相当するわけで、まちがいなく筋であったことが確認される。

伏見城下町は「ヨコ町」

筆者は先に、大手筋と呼ばれたことは奇妙なことだと述べた。それは次のようなわけである。大手通というものは城の正面に通じるのであるから、本来メインストリートであるべき道である。にもかかわらず、伏見ではその道を筋と呼んで、「メインストリートではない。横丁である」とことわっている。そこに奇妙さがあるのである。

このように大手通が筋であったということは、伏見の城下町が城郭に対してヨコ町であったということである。タテ町とかヨコ町と言うと、南北に長い町のこと、東西に長い町のことというように、方位で考えられやすいが、筆者はそういう意味では使わず、大手通が「町通り」であるようなタイプをタテ町型城下町、大手通に直交する通りが「町通り」であるようなタイプをヨコ町型城下町、というように類別する。実際、昔は通常タテ町・ヨコ町がこの意味で用いられた。

右のような意味のヨコ町タイプは、江戸時代の城下町には多い。むしろそれが一般的でさえある。それゆえ、私はこれを近世城下町の通常形と見なすのであるが、しかし秀吉が関与した城下町の中では、それはまったく例外に属するのである。そこで、伏見城下町はなぜそのような「例外」タイプになったのか、なぜ「大手筋」などという、当時の通念から見て奇妙であるような表現がなされる城下町になったのか、という問いが生じることになる。このわけは必ず追い求めなければならないであろう。が、その前に、秀吉の関与した城下町が伏見を除いていずれもタテ町タイプであったことを確認しておくことにしたい。

三　長浜城下と伏見城下の違い

「長浜」は秀吉の最初の作品

秀吉が小谷《おだに》城から琵琶湖岸の「今浜」に移り、ここを「長浜」と改めて築城と城下町建設に着手したのは、天正二年（一五七四）春のことであった。長浜城下町は、いわば武将としてひとり立ちをした秀吉の最初の作品と言うことができる。

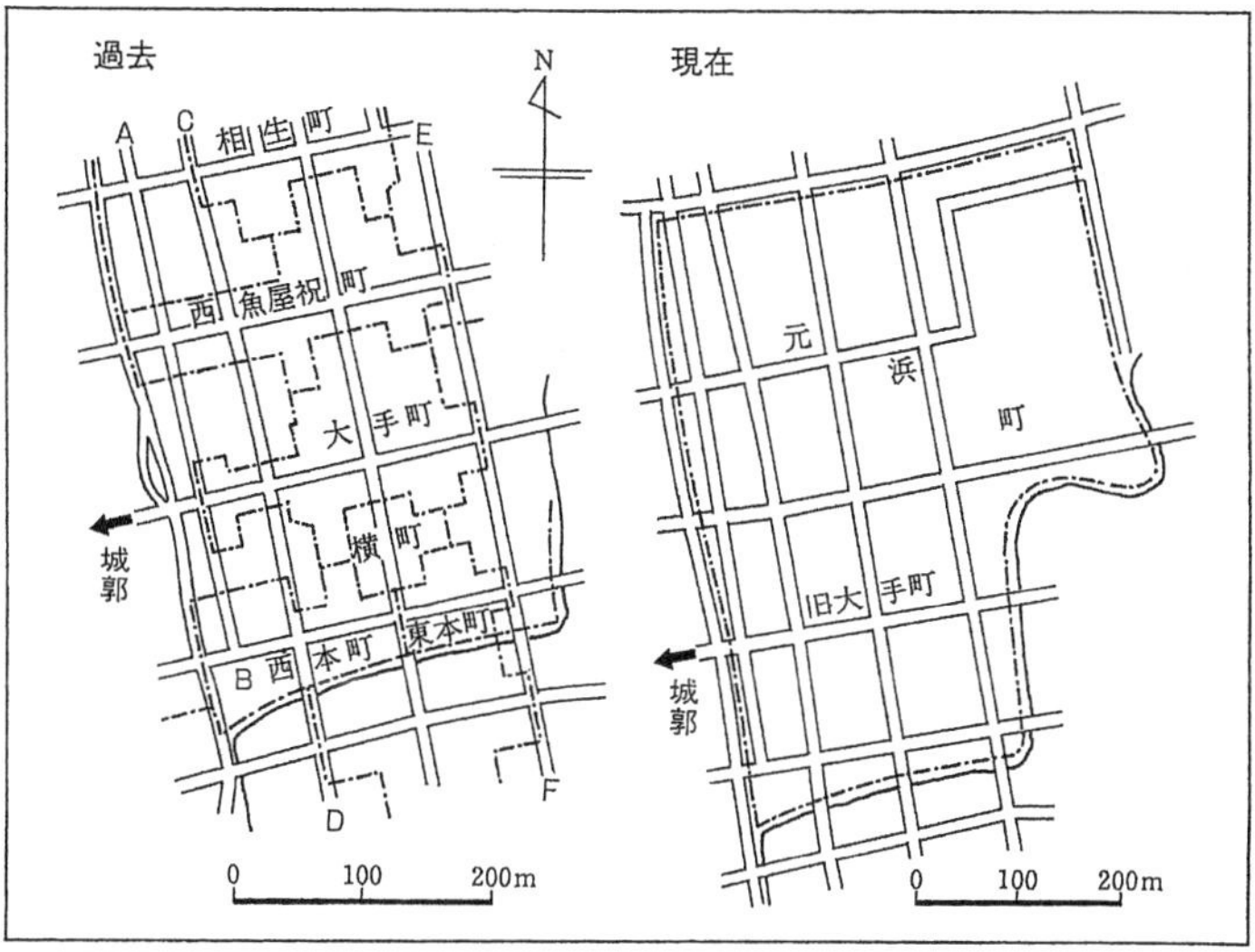

第21図　長浜の町―過去と現在―

ところで、この長浜は、江戸時代の初頭に早くも城下町としての機能を停止するから、現在の街区構成の中に創設期の原形をよくとどめていると見て、大過ないようである。

そこで現在の地図によって長浜市街中心部の街路網をたどってみると、第21図のように、南北方向に長い街区が目につく。城郭は西方の湖岸に築かれ、そこから東行する東西路が大手通であったから、街路網図を一見したかぎりでは、長浜城下町は「ヨコ町」タイプであったかのような感じがする。

長浜は大手通を町通りとする「タテ町」

ところが、大手通とその北および南に並行する街路を中心とした一帯の「町」の広がり方をくわしく見ると、第21図の左図のようであった。すなわち、大手通が「大手町」の

「町通り」であるのを代表例として、それに並行する東西方向の道は、すべてまぎれもなく「町通り」になっている。それに対して南北方向の道は、A—B、C—D、E—Fなどの道が町の境界線と一致する部分があることからうかがわれるように、まぎれもなく「筋」になっている。それゆえ、長浜城下町は、まさしく城郭に対して「タテ町」であった。図中の「横町」という固有名の町は、その「筋」に面してのちに形成された新しい町に違いないが、それがほかならぬ「横町」を名のることの中にも、長浜が「タテ町」タイプであったことが明示されている。

ついでながら、第21図右図は、同左図に見える町々が、元浜町一つに併合されてしまった現況を示している。それは生活上の必要のために住民が選択したことで、外部から批評すべきことではないのかもしれないが、ただ、このような形の町名町域の変更が、将来、町の成り立ちをわからなくしてしまう結果を招かないか、気になることである。

近江八幡も「タテ町」

天正一三年（一五八五）から翌一四年にかけて、豊臣秀次によって造営された近江八幡の城下町に、秀吉の息がかかっていることは疑いあるまい。この町も、長浜と同じように短命であって、したがって現代の地図がすこぶる雄弁に往時を語るが、第22図からうかがわれるとおり、大手通に並行する道々が「町通り」で、それに直交する道は京街道といえども基本的には「筋」にすぎなかった。すなわち城郭に対して「タテ町」を形づくるタイプに違いなかったのである。

ところで、八幡の城下町は、安土城の廃絶後にその城下町を秀次が移したものと見るのが通説である。そのとおりならば安土城下町も「タテ町」タイプであった可能性が大きい[注7]。この際、安土より先に信長が経営した岐阜の城下町も、明らかに「タテ町」タイプと見なされることを考慮に入れてよいであろう。岐阜の城下町については「信長編」第一章で触れた。

大阪も「タテ町」

秀吉が大坂築城に着手したのは、天正一一年（一五八三）のことで、翌々一三年四月には天守もす

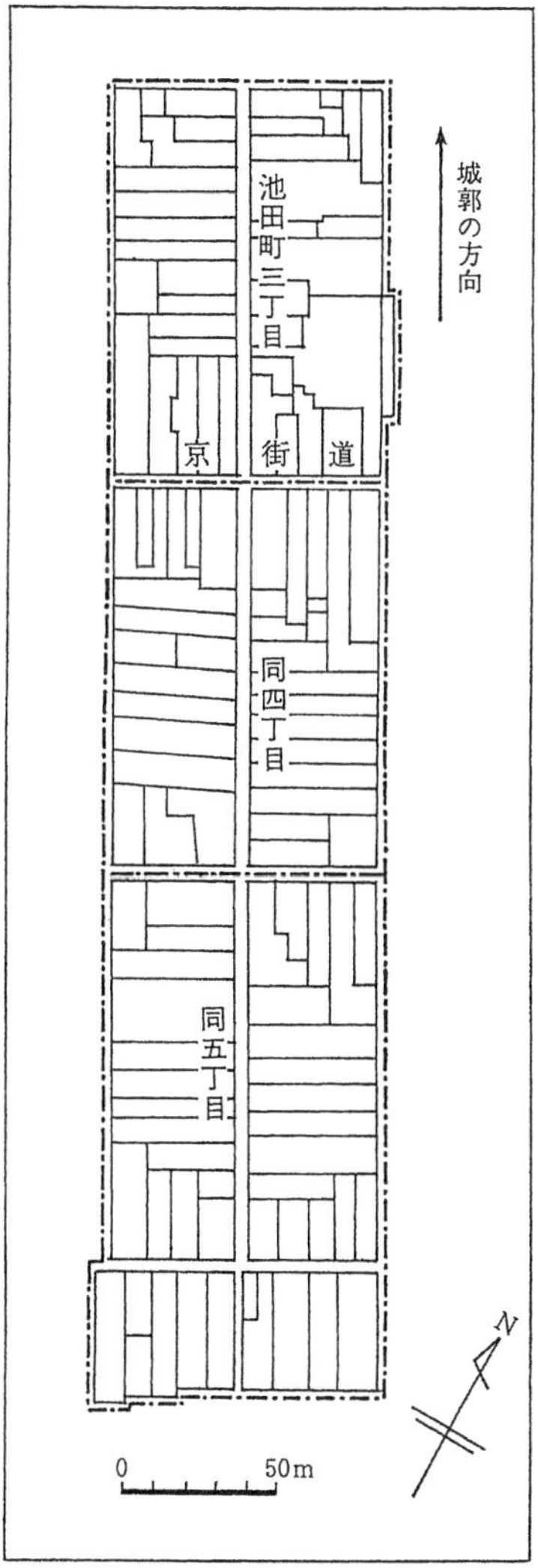

第22図　八幡城下町の街路・宅地割と町丁界（『滋賀県八幡町史』による）

でに成っていたと推定されている。この大坂築城に並行してつくられたであろう大坂の城下町も、まぎれもなく「タテ町」であった。今日、大阪には「御堂筋」「心斎橋筋」ほかたくさんの「筋」があり、それらの筋は、原則として南北道路である。それは、町の東端に位置した大坂城から出て西行する大手通と、それに並行する街路が「町通り」であったことによるもので、こうした事実が、大阪の「タテ町」タイプであることを明示している。

四　湖上の一本道の意味

伏見は「中世的タテ町」を九〇度横転させた「近世的ヨコ町」

一部信長の城下町を含めて、秀吉の関与した以上の諸城下町は、いずれもその町家地区が城郭に対して「タテ町」を構成していた。そのように断言しておそらく誤りない。もっとも、このようなあり方は、源流をなす中世山城とその山下の城下町との関係を考えてみれば、当然のことのように思われる。

ところが、このいわば「中世的」なタテ町の伝統を、秀吉は伏見において一変させ、九〇度の方向転換を行なって、大手通を「筋」とする「ヨコ町としての城下町」を出現させた。このような大きな変化には、相応の動機があってしかるべきである。実はそれは、巨椋池の中に築堤し、大和街道を通したことと関係をもっている。

湖上の一本道＝新・大和街道と豊後橋

秀吉が巨椋池の中に小倉堤を築き、堤上を新しい大和街道とし、新宇治川の渡河点に豊後橋を架してこの街道を伏見城下に導いたことは、すでに述べた。

この事実は、『山州名跡志』（巻一三）ほかの、江戸時代の地誌書に記されて、広く知れ渡ってきた事実であるが、筆者の知るかぎり、何のためにそういう工事をしたのか問われることがなく、したがって、その答えが試考されることもなかった。そして通常はこの事業が、単に伏見城下経営事業の一部として、ほかのいくつかの工事と並列的に紹介されるにとどまっていた。しかしそれではいかにも食い足りない。もう一歩踏み込んで考えをめぐらすべきでないかというのが、筆者の思いであった。

伏見城地の中心部分すなわち天守台と見て誤りない「桃山御陵」の前面の段丘上＝名護屋丸地点に立って南方を見渡すと（第23図）、今日でこそ、巨椋池の旧湖面を埋めるように広がった建物群にさえぎられてよく見えないが、かつては湖上の一本道が直ちに視界にとび込み、その上を通過する人々の動きが手にとるように読みとれたに違いないことが直感される。

湖上の一本道とは、要するにそういう道である。人々にとって、そこを通ることは、たとえは上品でないが、丸裸で花道を行くようなものではなかったろうか。ならば、時にはそこを避けて通過しようと考える人が出てきても不思議でない。しかも、そういう道は少なくとも伏見築城直前まであった

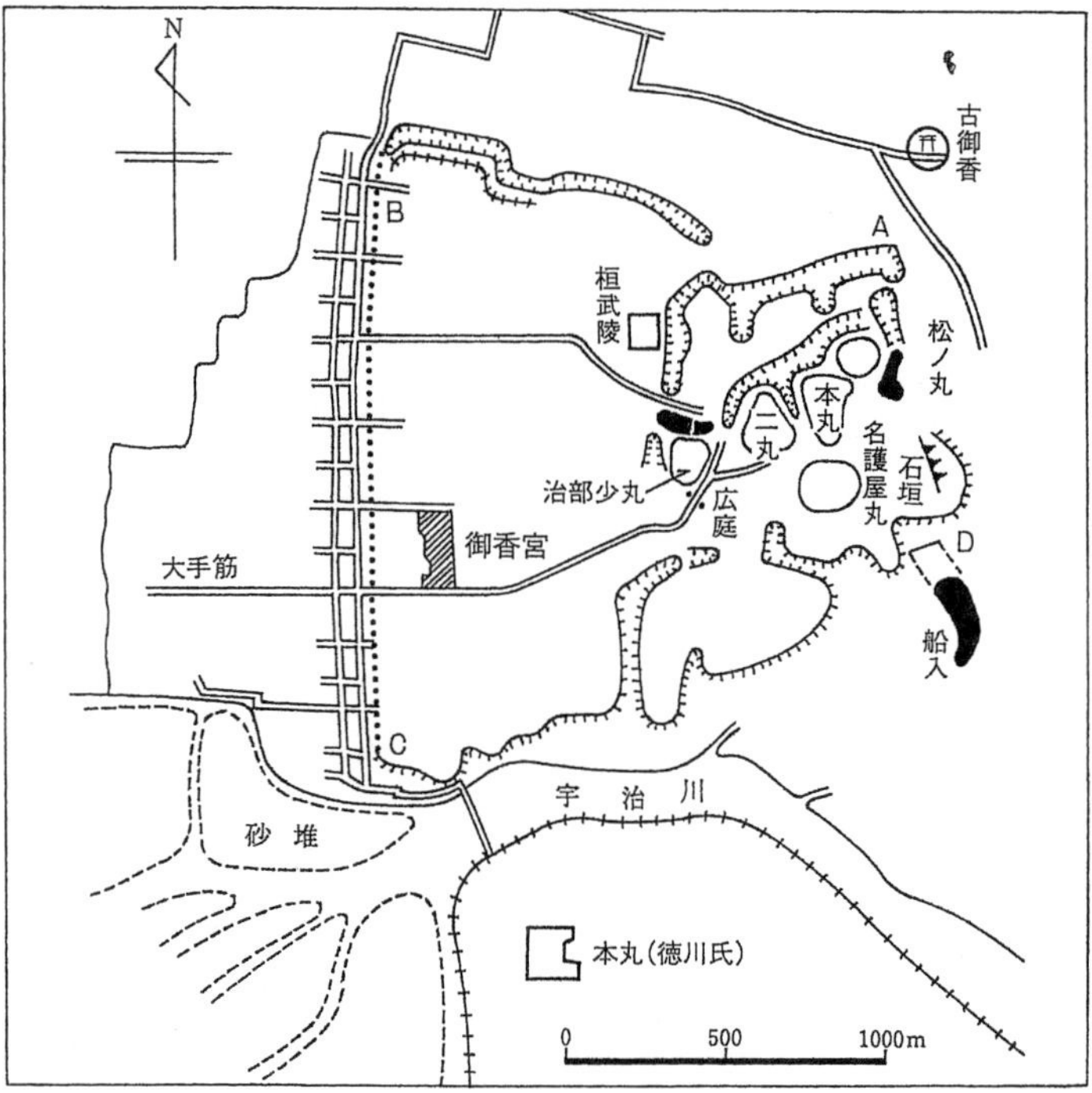

第23図　伏見城地（A—B—C—D）の広がり

のである。

従来は大和大路と宇治橋

湖上の一本道は新しい大和街道であるが、大和と京都盆地北部を結ぶ古来の幹道は宇治を通る道であり、これを「大和大路」と呼んだ。『信長公記』天正七年（一五七九）九月一四日の記事によれば、兵庫の商人常見なるものが、眼は能《よ》いのに検校となって不法をなしたので、黄金二〇〇枚の科銭を徴し、それを以て、宮内卿法印・山口甚介両人に命じて、宇治川平等院の前に橋を懸けさせたのである。しかもその橋たるや、工事に際して「末代のために候間、丈夫に懸置くべきの旨」御諚《ごじょう》（下命）が出されたほどで、これは宇治経由の大和大路が、信長の時代にも依然としてすこぶる重要な道であったことを雄弁に物語っている。

この道がある以上、通行の実態を完全に把握されるような湖上の一本道を通るよりは、こちら（宇治）をまわろうとする人が出てくるのは当然であろう。

大和大路を否定するには、宇治橋を撤去すればよい

がしかし、秀吉はそんなことを許したであろうか。おそらくそうではあるまい。天下人、すなわち独裁者は、それほど寛容ではないものである。秀吉が小倉堤を築いて堤上を新しい「大和街道」にしたということは、同時に、古来の「大和大路」の存続を否定したことだと解釈して誤りないであろう。ではその場合、もっとも効果的に大和大路の存続を否定するには、どのようにするのがよいか。答え

は簡単である。宇治橋を撤去するだけでよかった。橋を取り去れば、それだけで即座に、名にし負う急流の宇治川は交通路上の断点になるはずだからである。

史料は証言する

以上のように考えることによって、筆者は秀吉による宇治橋の撤去を確信した。がしかし「確信」が説得力をもつわけのないことは、言うまでもない。そこで右の確信を裏付ける証拠を求めなければならないわけであるが、幸いその証拠が見つかったのである。宇治市史編纂室の手によって蒐集された史料の一つ、『宇治里袋』というものの中に、

> 文禄三年大椋（おおくら、すなわち現在の小倉――引用者）より伏見迄新堤築き為され候。御奉行岐阜中納言殿、其節宇治はしを伏見へ御引取成《な》され候事。

と記された一節がそれである。この文章は、小倉から伏見までの新堤を築いたその節に、宇治橋を伏見へ引取ったと記している。伏見へ引取ったということは、伏見へ移してそこの豊後橋にしたということである。新しい大和街道を築いたそのときに、旧大和大路上の橋を壊して、大和街道上の橋に移建したというのであるから、これはまったく筆者が考えて到達した筋書きどおりの話ではないか。推理と史料の証言が一致したのである。実に愉快なことであった。

ただし問題がないわけではない。右の『宇治里袋』という史料は明治一九年（一八八六）の写本で、そのもとになった原本がなく、ために同史料の原初作成年月が不明であるという弱点をもっているか

らである。しかしそうした弱点を補って余りあるほどに、この史料に記されたことはつじつまが合う。小倉堤の築堤を文禄三年（一五九四）としていることも、そうである。

小倉堤も同時にできた

従来は小倉堤の築堤年が不明であった。たぶんそのせいもあると思うが、これまでは小倉堤と槇島堤とが、まるで無関係の、あるいは別々の堤として並記され紹介されるだけ、という傾向があった。しかし、宇治から伏見に至る槇島堤と、小倉から伏見に至る小倉堤とは、豊後橋の地点で接続するのである。両者は密接も密接、連続した一本の堤にほかならないのである。その場合、すでに述べたように、槇島堤が文禄三年の築堤であることははっきりしている。だからと言って小倉堤が文禄三年でなければならぬ必然性はないが、文禄三年であるほうが、より合理的であろう。

槇島堤ができ、小倉堤ができて両者が接続し、小倉堤上の区間が大和街道となり、宇治橋が取り壊されて豊後橋がつくられた。『宇治里袋』の記載を採り入れると、それがすべて文禄三年のことということになる。新しい大和街道は、豊後橋を北へ越えて伏見の城下町を貫く。その城下町も、文禄三年末から造営しはじめられたということであった。これですべてつじつまが合う。

全体構想なしに個々の事業が着手されるなどということはありえない。そして、全体構想が固まっている以上、個々の事業は、多少の時間差はあってもほぼ同時に下命されたと考えるべきであろう。それが合理的というものである。

『宇治里袋』の記載は、秀吉の事業のそういう意味での合理性を裏付けている。かくて『宇治里袋』は信頼に足る史料である、と評価して誤らないと思う。なお、槙島堤と小倉堤は豊後橋のところで連続し、それに薗場堤《えんば》も接続して、ここに「懸廻堤《かけまわし》」が形成されることになった。これは形のうえで秀吉が武将として育った濃尾平野の輪中堤と同じものである。彼の事業を見ると、このように、いわばその「育ち」が顔をのぞかせている部分があり、この点にも注目するとおもしろい。

五　淀城の修築と破却

京都と奈良を結ぶもう一つの道

ところで、大和大路と言い大和街道と言うのは、要するに大和（平城古京、南都）と山城北部（京都）を結ぶ主要道という意味にほかならない。[注8]とすると、その種の道は、宇治を通る大和大路のほかに、古来もう一本あった。

それは平城京の北背後中央から出、木津川左岸を北上し、木津川の流末部に近づくと同川左岸堤上をへて淀川との合流点に至り、そこで淀川を横断し、久我縄手、鳥羽の作り道をへて、平安京朱雀大路に達するものである[注9]（第18図参照）。この道は両京の正中線を結ぶのであるから、律令制的な感覚で言うとすこぶる重要な道であるはずだが、ただ平安京も平城古京も市街東漸《とうぜん》の傾向が著しかったため、東の宇治を通る道に比較すると利用度はかなり低かった。しかしそれでも、中世を通じて存続したらしいことは、いくつかの史料によってうかがわれる。

淀は戦略上の要地

その場合、この道筋上で戦略的にもっとも価値の大きい地点は淀川渡河点であり、そこに臨む淀であった。この淀には、ほかにもう一つ、平安京の時代以来一貫して、京都の外港としての重要な機能があったことも見落とせない。天正一九年（一五九一）二月、秀吉から蟄居を命じられて堺に下る千利休が、この淀から船に乗り込んだというのであるから、淀はこのときなお、京都の外港として在ったことはまちがいない。

してみると淀城は、淀の地がそういう交通位置にあり、戦略上の要地であったからこそ、造営され維持される必要があったのだと解すべきではなかろうか。秀吉が以前からそこにあった淀城を修築したのは、天正一七年のことである。なぜそうしたかについて、通説は既述のように愛妾おちゃちゃの懐妊を喜んでつくり与えたと説く傾向が強い。まちがいではないであろうが、その面が強調されすぎると、秀吉がなぜほかならぬその地を選んだのかという大事な側面を問い忘れてしまう恐れがあってよくない。その側面を問い忘れることは、いわばわれわれが秀吉の陽動作戦にしてやられているようなもので、彼の天下人としての本当の意図を見失うことになるだろう。

その点、『京都の歴史』（第四巻）は、さすがに的確に、しかし、淀殿の産所として、偶然にこの地が脚光をあびたということはできないであろう。おそらく、戦国初期から果たした華々しい戦略的役割と、秀吉政権の二つの政庁（聚楽第と大坂城――引用者注）を結ぶ中心点としての位置が、秀吉をしてこの地を選ばせるにいたったのであろう。と指摘している。筆者の考えていることと、若干ニュアンスの違いはあるけれども、この指摘は大いに評価しなければならない。

淀は墨俣に似ている

筆者は、淀が道路・水路を扼する戦略的位置にある事実に付け加えて、次のことにも注目をしている。

第一は、淀の、川に対する、したがって水路に対する、そしてまた陸路に対する「位置」が、西美濃の墨俣の、川・水路・陸路に対する戦略的位置と、すこぶる似ていることである。これに関連して、淀と京都の間、墨俣と岐阜城の間の距離がよく近似していることも、興味がひかれる。

第二に、淀の築城時期は、秀吉が聚楽第へ政庁を移した天正一五年（一五八七）秋という時点と、京都に「お土居」をめぐらして城下町化を完了した天正一九年はじめの時点との中間を占めるということである。つまり、淀城修築はまちがいなしに京都経営事業の一環にはまっているということである。

墨俣は、西美濃経略の拠点であったという。墨俣が落ちないために、信長の美濃攻略が遅れたとさえ言われている。それゆえに秀吉による墨俣築城が大きな意味をもって事態を展開させ、確かに築城の一年後には、信長の岐阜入城という結果をもたらした。この事実というか、この「経験」というか、それがほかならぬ「淀」に城を修築した秀吉の選択の背景にあったに違いないと、筆者はほとんど確信している。秀吉は、京都の前面にあって重要な陸路・水路に臨む淀に、その水路・陸路の要衝を把握し、かつは京都の前衛基地としての機能をもたせるために、墨俣を再現する思いをこめて淀城を築いたのであったろうと思う。

京都の前衛としての淀

淀城は京都経営の一環として修築されたのではないかという右の憶測は、淀城破却の経緯によってほぼ証明されるのではないかと、筆者は考えている。淀城の破却は、この章のはじめにも述べたように、築城五年後の文禄三年（一五九四）である。が、その年は伏見築城が始められた年であり、『家忠日記』などによると、天守をはじめかなりの施設が、淀から伏見に引取られていることがわかる。伏見築城が始まったということは、京都が秀吉の政庁所在地でなくなるということであり、それによって、京都の前衛として意味があった淀城は、その存立基盤を失う。しかも伏見と指呼の間にもう一つ別の城はいらない。ことはすこぶる明快であるように思われる。

ところで、淀城の破却は、淀にとって単にそれだけのことであったろうか。おそらくそうではあるまい。淀は古来、水路・陸路の要衝であった。そしてそれゆえに淀城が営まれたと考えられるのに、そこから淀城のみを撤収するという政策が想像できるだろうか。それは交通の要衝の掌握・管理を無条件に放棄することであり、秀吉のすることでは決してない。

淀の港を否定し、淀での渡河交通を否定する

そうではなしに、秀吉が淀城を破却したということは、同時に淀津の存在を否定し、淀における陸路の渡河交通を否定したということを示唆しているのである。そうした処置は、もとより一片の「指令」だけでは完遂しなかったであろう。少なくとも、旧大和大路の通行を否定するのに宇治橋を撤去したという程度の作為は施されたと考えなければなるまい。

その種の作為を示唆するのが、秀吉時代の淀城の痕跡がほとんど完全に消滅していて、位置さえも不確実にしか押さえられないという事実であり、また淀城破却の年の八月に淀堤を築いたという事実である。これらの事実は、淀城破却と前後して一帯の地形を大改変し、淀津を破却し、淀のあたりから伏見まで、巨椋池北岸を堤防（淀堤）で縁どって川船の寄ることができるような浜辺を残さないようにした「作為」を、物語って余りあると言えよう。

淀城の修築と破却には、このようにいろいろな思惑と作為がともなっていたのである。

六　秀吉の伏見経営構想

伏見において山城盆地の南北交通を掌握

巨椋池の中に小倉堤を築いて大和街道とし、豊後橋をへてその街道を伏見城下に導いた秀吉は、時を同じくして宇治橋を撤収して旧大和大路の交通を断ち、一方淀周辺の地形を改変して淀における渡河交通を拒否し、そのうえに巨椋池北西岸の伏見―淀間に築堤して船の接岸を困難にした。

ここまで考えてくると、彼が宇治川の流れを延長し、巨椋池の東岸を迂回させて伏見城南の豊後橋まで導いた理由も、おのずから明らかであろう。ひとことで言うと、それは交通の「遮断線」を宇治川の谷口から伏見までの区間に設定することをねらいとしたのにほかならない。すでに述べたように、宇治川は名にし負う急流である。交通遮断線としてこれほど恰好なものは、ほかにないのである。

かくして、山城盆地の南北交通は、小倉堤―豊後橋の一線上に集約されることになった――と言うのは、少し言いすぎであるかもしれない。もう一カ所、盆地西端の山崎―八幡間の南北渡河がどうなっていたかという問題が残る。秀吉は先に山崎にも八幡にも城を構えており、したがって同地点での渡河交通がそれらの城の管掌下に行なわれていた可能性があるが、それが文禄三年（一五九四）にはどういう状況になっていたか、筆者はまだ何も知らない。しかしいずれにせよ、その渡河点は当時さほど重要ではない。前言を、山城盆地の南北交通は、ほとんどすべて小倉堤―豊後橋の一線上に集約されることになった、という程度に改めるだけで充分であろう。つまり秀吉は伏見城下というお膝許で、山城盆地の南北交通をほぼ完全に管掌することになったのである。

京町通が天下の大道

そして、右のようであるということは、豊後橋からつづき伏見城下を北上する京町通も、まったく同様に大きな意味をもつ道であったということである。しかもそれは、単に交通量などではかることのできる重要性を有していたにとどまらない。先に「内野《うちの》」と呼ばれていた平安京大内裏《だいだいり》跡に聚楽第を営んだほど「律令国家の権威」を意識した秀吉にとってみれば、平安京と平城京を結ぶ唯一無二の大和街道は、形式のうえでも「天下の大道」と言うべきものであったに違いない。したがってその道は、商家が櫛の歯のように並び、にぎわいの絶えない「町通り」でなければならなかった。この天下の大道＝二京を結ぶ「京」町通にくらべれば、いかに伏見城の大手（正門）に通じる道といえども、「横丁」にすぎないであろう。かくして中世的な「タテ町」タイプが棄てられ、とってかわって、大手の通りを「筋」と称する「ヨコ町タイプの伏見城下町」の誕生を見るに至ったのである。

江戸時代城下町へのターニング・ポイント

これは、秀吉自身の城下町経営史における明らかな転換であるが、筆者は、そればかりでなく、日本の城下町史上の大転回と評価できるのではないかと考える。

江戸時代の城下町づくりに際しては、「タテ筋ヨコ町型」のそれがかなり流行したように筆者には見える。その流行の起爆剤になったのが「伏見における転換」だったのではないか。

家康は、秀吉の伏見城下町づくりをまのあたりにしている。たぶん、秀吉の構想も聞かされていたに違いない。秀吉構想とは、一口で言えば街道の地位を大手通よりも上位に置くことであった。秀吉の場合、街道は平安・平城両古京を結ぶ道であったが、それはたぶん両古京をへて全国に通じる道であり、観念的には「全国支配の動脈」たるべき道であった。

それと同様に、いやそのレベルをはるかに越えて、江戸時代の街道は名実ともに全国支配の動脈であった。したがってそれは各城下の大手通をはるかにしのぐ「地位」を占めなければならない。そのような考えを強いる江戸幕府側の発想、そのような考えを受け入れた諸大名の側の対江戸迎合、さらに、街道を通過する人口の激増、それらが「タテ筋ヨコ町型」城下町の簇生を促したのではないか。

そして、くり返しになるが、それらの発想の原点が「伏見」であったのではないか、というふうに思うのである。もしそれが当たっているなら、文禄三年（一五九四）という時は「画期」として記憶されなければならないであろう。

はなはだ大胆な解釈をつらねたが、以上で宇治川迂回河道の新設（槇島堤の築堤）、小倉堤の築堤、豊後橋の架設、宇治橋の撤去、淀廃城、淀堤築堤、伏見城下町の「ヨコ町」化などの諸事業が、決して個々バラバラのものではなく、互いに密接に関連するもので、天下人秀吉の脳裏に描かれた「伏見経営構想」の部分部分に相当するものであることを、ほぼ述べ終えた（第24図）。天下人の論理、筋書きを、かなり追跡することができたのではないかと思うが、しかし筆者はまだ記述を終えることができない状態にある。もう一つ、どうしても指摘しておかなければならないことが残っているからで

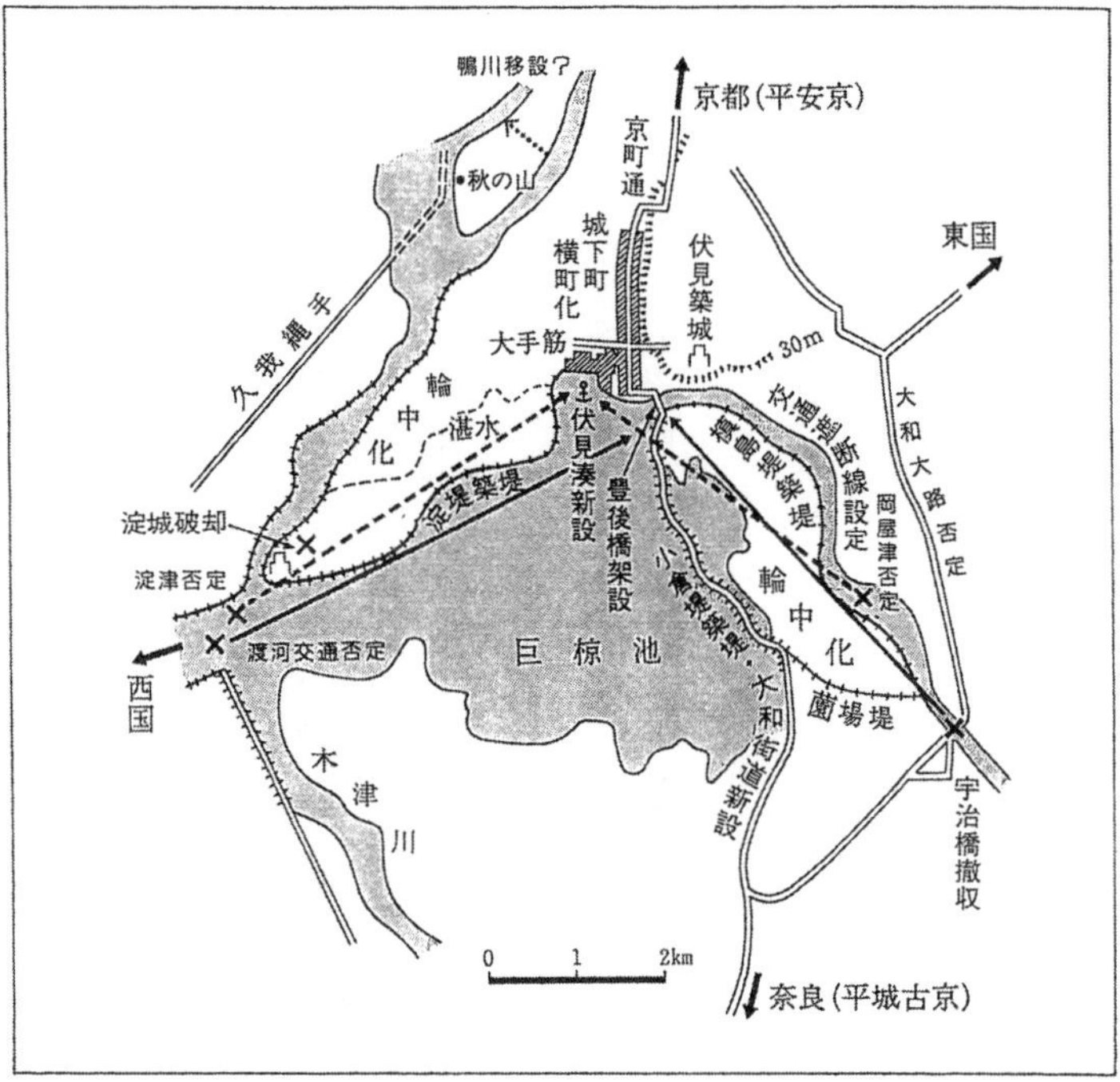

第24図　秀吉の伏見経営構想

ある。それは、秀吉にとって、または伏見城にとって、伏見の湊はどういう「意味」をもっていたのか、ということである。

伏見湊は大陸への水路の起点

それに関連する二、三の事実は、すでに触れてきた。まず、この章のはじめのほうで、槇島堤・小倉堤の築堤が、巨椋池の東岸にあった要港・岡屋津の命脈を断ったことを指摘した。しかしこれは決して偶然のことではない。はじめから秀吉の筋書きの中に入っている作為であったと解しなければならないのである。

また筆者は、淀城の破却はそれだけのことでなく、淀津の存在を否定したことをも物語ると推定した。そのうえで伏見湊はつくられた。要するに伏見湊は、岡屋津と淀津の位置を奪い、機能を吸収して、淀川水路の最奥に誕生したのである。淀津はそれまで、京都の外港であり、岡屋津は東国への門戸であった。琵琶湖を介して東国に通じる門戸である岡屋津の機能を引取ると同時に、伏見湊は、淀川・瀬戸内・玄界灘を介して、秀吉が征覇を夢見た朝鮮半島・大陸に達する水路の起点ともなっているではないか。そういう意識をもって秀吉が伏見湊を構えたと見るのは、想像が過ぎるであろうか。しかし筆者はあえてその見方を記しておきたいと思う。

平安京と平城古京を結ぶ天下一の街道が通っている。一方、淀川・瀬戸内をへ、そしてやがて大陸へと向かう天下一の水路がある。両者が丁字型に交わるその点（あるいはこれに東国への道・水路を加えた「十字路」の交点）、言ってみれば日本のへそにでもたとえられそうなその点が、伏見であった。いや、そういう点を占めるように、伏見というものを構想し実現した。大坂でも、京都でもそれは実現しなかったことである。天下人が、その最晩年に伏見で実現した、いかにも天下人らしい野心的な構想と言うべきではないだろうか。是非善悪の評価は別にして、筆者はそう思うのである。

注

［1］『宇治市史』第一巻、昭和四八年。

〔2〕『亜相公夜話』（『利家夜話』、『村井勘十郎覚書』とも言う）に、

伏見城下宇治川を大納言様［利家］、肥前様［利家の子利長］御父子へ川せきを被仰付候、宇治川をせき切事《きること》末代のきこえのためと、利家様御満足被成候（［　］内は引用者注）

とあり、『家忠日記』文禄三年八月の段に

八月八日、淀堤つき候、

九日、淀堤出来、真木嶋へ人数越候、

廿三日、□又伏見城□よしハらニ堤あたりて候て、各見ニこし候、

廿五日、真木嶋堤又あたり候、

廿六日、□(真)木嶋川せき道具用□

とある（『宇治市史』第二巻、所引）。

〔3〕『山城名勝志』巻一八、『山城名跡巡行志』第五、『山州名跡志』巻一三など、江戸時代地誌書の記述によって、広く知られてきた。

〔4〕拙稿「岡屋津」、および「水路・陸路の結節点宇治」。ともに『宇治市史』第一巻所収。

〔5〕作家の杉本苑子は筆者の岡屋津に対する評価と岡屋津の命運に関する理解を、小説『影の系譜』の中に採り入れてストーリーを構成された。

〔6〕『看聞御記』などに見える「舟津村」が、一五世紀前半までに成立したとされる「伏見山寺宮近廻地図大概」の「舟戸村」であり、のちの伏見湊にあたる柿木浜町一帯にあって、津としてのはたらきをしていたと見る考えは、かなり定着しているように思われる（野田只夫「伏見城下町の一考察――

築城前の伏見と城下町建設」、『京都教育大学紀要A』三五号、昭和四四年、ほか）。

［7］　安土城下の構成については、小島道裕の復原研究（「六角氏の城下町石寺について」、観音寺城跡を守る会編『観音寺城と佐々木六角氏』四号、昭和五六年）が進みつつあるので、厳密にはなおしばらくその進展を待ちたい。

［8］　聚楽第と、信頼する弟秀長の拠った大和郡山を結ぶ道という意味も含まれていたと思われる。

［9］　拙稿「乙訓郡を通る計画街路としての古山陰道について」、藤岡謙二郎編『洛西ニュータウン地域の歴史地理学的調査』、京都市、昭和四七年。

家康編

第六章　徳川家康が江戸を選んだ理由

一　課題と方法

もと北条領の関八州をもらう

天正一八年（一五九〇）、徳川家康は江戸の地を選んで城と城下町の経営に着手した。豊臣秀吉に従って関東の雄、小田原の北条を攻め、ついにこれを降伏させたのが、同年七月五日のことであった。その戦功を理由として、北条旧領の関八州が家康に与えられたことにともなう、やむをえない新城地選定であったことは周知のことがらと言ってよいが、しかし、「関八州」のうちで特に江戸の地に白羽の矢が立てられたことの理由については、従来明確な答が示されていたとは言いがたい。いったいどのような理由で、家康は江戸の経営を決断したのであろうか。

城をどこに築くかは戦略上の機密

このような課題を文献史学の方法で解くことは、おそらく不可能である。なぜなら、城地の選定は、まちがいなしに戦略機密に属することであって、選地主体者たる城主の意図が記録に残されることはないと言ってよいからである。しかし、一人の武将がある一地点を選定して城と城下町を経営したという事実は、「遺構」ないし「遺跡」として地図上に残りつづける。この、「結果」が残ることについては、いかなる権力者もそれを覆い隠しようがない。歴史地理学は、この点に着目する。すなわち遺構・遺跡の地図上における、あるいは地表空間における、地形・地物を含めた相対的位置関係を検討することによって、城地選定の意図を読み解くという手法を用いることが可能である。この手法に、発想の転換を加えて、提示した課題に迫ってみたい。

二　家康が江戸を選んだ理由は不明

まず、家康が関東に転封《てんぽう》された経緯を追いながら、江戸選地の理由が従来解明されていないことを述べよう。

冒頭に記したとおり、天正一八年（一五九〇）七月五日、北条が秀吉・家康軍に降伏する。八日後の七月一三日には、秀吉が小田原に入り、論功行賞《ろんこうこうしょう》を行なって家康に関八州を与える。そのことについて『東照宮実紀』は、次のように記している。

さて関白［秀吉］は諸将の軍功を論じ勧賞行はる。駿河亜相［家康］軍謀密策。今度関東平均の大勲此右に出るものなければとて、北条が領せし八州の国々悉く《ことごと》君［家康、以下同じ］の御領に定めらる。（秀吉今度北条を攻亡し、その所領ことごとく君に進らせられし事は、快活大度の挙動に似たりといへども、其実は当家年頃の御徳に心腹せし駿遠三甲信の五国を奪ふ詐謀なる事疑なし。其ゆへは関東八州といへども、房州に里見、上野に佐野、下野に宇都宮、那須、常陸に佐竹等あれば、八州の内御領となるは僅に四州なり。かの駿遠三甲信の五ケ国は、年頃人民心服せし御領なれば、是を秀吉の手に入、甲州は尤要地なれば始に加藤遠江守光泰を置、後に浅野弾正少弼長政を置、東海道要枢の清須に秀次、吉田に池田、浜松に堀尾、岡崎に田中、掛川に山内、駿府に中村を置、是等は皆秀吉服心の者共を要地にすえ置て、関八州の咽喉を押へて、少しも身を動し手を出さしめじと謀りしのみならず、又関東は年久しく北条に帰服せし地なれば、新に主をかへば必一揆蜂起すべし。土地不案内にて一揆を征せんには必敗べきなり。其敗に乗じてはからひざまあるべしとの秀吉が胸中、明らかにしるべきなり。されば御家人等は御国換《くにがえ》ありとの風説を聞て大に驚き騒しを、君聞召《きこしめし》、汝等さのみ心を労する事なかれ。我たとひ旧領をはなれ、奥の国にもせよ百万石の領地さへあらば、上方に切てのぼらん事容易なりと仰《おおせ》ありて、自若としてましましけるとぞ。果して八州の地御領に帰して後、弥《いよいよ》我国勢強大にをよび、終に大業を開かせ給ふにいたりては、天意神慮の致すところ。秀吉私智私力をもて争ふべきにはあらざりけり。）[注1]（［　］内は引用者注、以下同）

引用文の大意を記しておこう。

小田原攻めの最大の功労者は、家康だったというので、北条領だった関八州を、秀吉はそっくり家康に与えた。いかにも秀吉の度量が大きいように見えるが、実はその代わりに、現に家康に服している五カ国を取り上げようという意図だ。

関八州というが、そのうち四つはそれぞれ領主が存在し、実際の家康領は四カ国しかない。また家康が押さえていた五カ国には、秀吉の腹心の者を配して関八州の喉元を押さえて家康の動きを封じる策謀である。さらに関東の民衆は新領主家康に反抗して一揆を起こすだろうが、土地不案内な家康は負けるだろうし、秀吉はそれに乗じる策謀に違いない。

家臣たちはこの国替えのうわさで大騒ぎだったが、家康は、旧領を離れ遠くの国に移っても、百万石の領地があれば、都へ兵を進めることは簡単だから、そう騒ぐな、と泰然自若としていた。

この引用文には、家康を転封させた秀吉の意図、家臣の動揺、家康の沈着な対応など、徳川方の読みと評価が示されていて興味深い。

江戸入城に「八朔」の良き日を選ぶ

さて、家康が小田原を発って江戸へ向かったのは月末に近い七月二九日で、翌々八月朔日には江戸城に入ったと伝える。八月一日すなわち「八朔《はっさく》」の好日を選んでいることに留意しておきたい。

六月から事前準備

ところで、関東転封の正式発表は七月一三日であったが、実はその前から入国準備がなされていたことが知られている。北島正元の『徳川家康』（中公新書）の記述によれば、早くも六月に家臣を江戸回りへ派遣し、「江戸の町数は縦一二町、横は三、四町と推定されるが、戦火で焼けてはっきりしない」旨の報告を受けている。

さらには、家康は七月一〇日に小田原城に入ったが、その段階で江戸の水が海水まじりで悪いことを知って、大久保主水に上水道施設に着手させた事実もあるという［注2］。

このとおりであったとすれば、先の論功行賞発表以前に、秀吉と家康の間では「江戸」選地の了解が成立していたことになる。そうであるとして、ではそれは秀吉の押しつけなのか、家康の主体的判断なのかが、ひとまず問われなければなるまい。

秀吉が江戸を薦めた

これについて、同じく北島正元は先に引用した著書で、「関東転封後の主城をどこにするかについても、秀吉は小田原を避けて江戸にするようにすすめたというが、これが事実なら、ますますこの転封が、秀吉の積極的な意志にもとづいていることがあきらか」である、と記している。

また小和田哲男も、「江戸を本拠と定めるについては、家康の発意《ほつい》か、あるいは秀吉の命令か議論のあるところであろう。しかし家康の江戸への関心を見抜いた秀吉の処置で、いちおう秀吉の命令と考えるのが妥当と思われる」と述べている［注3］。

歴史学界では秀吉の意志ないし命令と見るほうに傾いているようであるが、一方は「これが事実なら」という条件付きであるし、他方は「議論のあるところ」というのであるから、確たる結論には到達していないとも言える。

「御在城は江戸しかるべし」―『聞見集』

おそらく歴史学とすれば、このことに関する発言の根拠は、石川正西『聞見集』に、次のような文があることによるのだろう。

小田原落城の後、秀吉公金沢［現在の横浜市］まで御下りありて、家康様へ御在城は江戸志かるべし候はんと御めき〻のよし、［注4］

秀吉が家康に「江戸がいいだろう」と言ったというのである。

しかし、この『聞見集』は随筆であるから、史料として高い信用が置けるものではない。また、事が戦略に属するので、真実が語られているかどうかという疑念もあり、歴史家として断定的なことは言えぬということなのであろう。

石川正西は、天正二年（一五七四）三河東条に生まれ、同一八年の小田原攻めのころから松平康重［注5］に仕えたとされるから、家康に近いところにあった人であることは確かである。

小田原か鎌倉か―『岩渕夜話別集』

この『聞見集』のほかに、『岩渕夜話別集』の、以下の文章も、江戸の選地に秀吉の意向が関与したことを示唆する。

家康公御領知となり候へども、御在城の義は未だ何方《いずかた》と不被仰出《おおせいだされず》、去《さる》に依て、御旗本の諸人の積り、十人に七八人は相州小田原と推量仕る。其内二三人も鎌倉にても可有御座かなどゝ、中衆もあり。然る処に秀吉公と御相談の上にて、武州江戸を御居城と被仰出に付、諸人手を打て是はいかにと驚く仔細は、其時代迄は東の方の平地の分は爰《ここ》もかしこも汐入の芦原にて、町屋侍屋敷を十町と割り付べき様もなく、扨《さて》亦西南の方はひやうひやうと萱《かや》原武蔵野へつゞき、どこをしまりといふべき様なし。

つまり家臣の七〜八割は家康が小田原を城とするであろうと予想し、二〜三割は鎌倉になるであろうと推量したが、結果はどちらでもなく、秀吉との相談で江戸と発表され、誰もがどうしてそんなところに決まったのかと手を打って驚いたというのである。それは江戸が、東は汐入りの芦原で利用しにくく、西（西南）側は特段の境目もなく武蔵野につづく地形で、城と城下町の立地としては好ましくないと家臣には見えたからである。ともあれこの文中に「秀吉公と御相談の上にて」とあることは無視できない。

『岩渕夜話別集』というのは、『岩渕夜話』の増補巻である。そして『岩渕夜話』は、江戸時代前半の兵学者大道寺友山（一六三九〜一七三〇）が、「徳川家康の生誕からその生立ち・軍陣・施政・家庭など、公私の生活に関する逸話約六六項を年代的に仮名文で記述したもの」で、「故事にくわしい友山の面目が示されている、徳川氏の創業期に関する有益な記録の一つである」と評価されている。[注6]

確かに『岩渕夜話』および『岩渕夜話別集』は、家康の生きた時代にかなり近いころの著作とは言えようが、でもおよそ一世紀の「時差」があるから、同時代史料とは言えない。

家康にも納得した理由があったはず

以上、ひととおり史料的根拠を求めて見たかぎりでは、秀吉の意向が強く働いたとする見方に傾かざるをえないようであり、それは従来の通説のとおりということになる。秀吉にとっては、なるべく家康を遠くへ離したかったであろうから、小田原でも鎌倉でもなく、より遠い江戸を薦めたということであるのかもしれない。

しかし、たとい上記のように秀吉の意向が強く働いたとしても、その選地を家康は受け入れたのであるから、家康の側にも自身が納得した（あるいは自身を納得させた）選地理由があったはずだ。

武将の城地選定の成否は、命にかかわることがらであるし、家中《かちゅう》の命運をも左右する。戦国大名としての自身の判断は不可欠であったはずである。しかも、家康の江戸選択に迷いは見られない。とすれば、彼の心の中では、選地理由は確定していたはずである。

それは何か――。

三　富士山望見の地ゆえに江戸を選定したとする仮説

自然地理的条件はたいした問題ではない

武将の城地選定は命にかかわることであり、家中全体の命運を左右することと述べた。このことは一見、城地選定の根拠を地勢・地形に求めようとしているかのように受けとられる可能性があるが、すでに充分の実力（軍事的・財政的実力）を備えた家康にとっては、自然の堅塁といった意味での地勢位置・地形位置は問題でなかったと見たほうがよいであろう。

少しニュアンスは異なるが、「奥の国にもせよ百万石の領地さへあらば、上方に切てのぼらん事容易なりと仰ありと、自若としてましましけるとぞ」との、先に引用した『東照宮実紀』の表現に、筆者は注目したい。

城の守りのための自然地理的条件などは、たぶん家康にはさしたる問題でなかった。濠を掘り、堅塁を造作することなど、家康にとっては容易きわまりないことだったはずだからである。小田原にも鎌倉にも固執しなかった余裕は、そこにあるであろう。

決断の拠りどころ

しかしだからと言って、城はどこでもよかったということにはならない。いや、どこでもよかったかもしれないが、少なくとも自身を納得させる一種の「哲学」、自身と家中の安全を自身に説明できる「拠りどころ」は必要であったろう。

それが何かを追求してゆくための注目すべきことがらを、以下に順不同に列記する。

八朔のめでたい日に江戸入り

第一は、先に触れたことのくり返しになるが、家康の江戸入りが八月朔日、すなわち八朔の好日であったことである。

八朔は田実《たのむ》の祝いの日である。「田実の祝い」は、元来新穀の初穂を田の神に供える穂掛けの儀式であるから、田実＝「たのみ」が「たのむ」と転訛し、これが頼むと同音であるところから、家臣から主君に太刀・馬・唐物《からもの》などを贈り、主君からも答礼に物を下賜する武家の年中行事となったもので、早く鎌倉時代中期以後に始まっていたというから、注目せざるをえない。

江戸時代には元日に次ぐ重要な式日になったというのは、おそらく家康の江戸入りの日であったことも加わって意味を大きくしたのであろうが、ともあれ、家康が武将の例に漏れず「げん＝験」、縁起にこだわるタイプの人物であったことを示唆する点で、八朔江戸城入りの事実は見過ごせない。

「もんど」は水が濁るから「もんと」に

第二は、江戸入城前に、大久保主水に上水道施設に着手させたという、これも上述の事実にからむ一つのエピソードであるが、大久保主水の「主水」を「もんど」と呼んでは水が「濁る」ということから、以後は「もんと」と呼ぶようになったという話がある。うそのような話であるが、「天正日記」「大久保主水由緒書」に出てくる話だという点で、結構大まじめな話であったと位置付けねばならないようである。

とすると、これも家康ないしその周辺の武士の縁起をかつぐ、言葉へのこだわりの例としなければならない。

江戸にはめでたい地名が多い

第三も同類の話である。すでに太田道灌の城地選定時（康正二年＝一四五六）において、この地が「武蔵」すなわち武力と財力の兼備を示す国名、「豊島」すなわち豊饒を示す郡名、そして「千代田」「宝田」「祝の里（祝言村）」などの佳字村名をもつこと、すなわちめでたい地名の重なる土地であることに吉兆を見出していた話がある。

これらの話は「道灌日記」「落穂集」に収められた話として、『御府内備考』が引用しているものである。『御府内備考』は、化政期（一八〇四〜一八二九）に幕府が蒐集した史料で、上記の話は事の真偽は別として、徳川政権公認のストーリーと言うべきで、やはり家康と周辺の「験かつぎぶり」が示唆されている。

越前北ノ荘に入った柴田勝家が「北」は「敗北」に通じるとしてこの地名を嫌い、福井に改めさせたという有名な話があるし、亀岡、松山、鶴岡、福岡、安土など佳字を用いた地名が城下町に流行した事実があるから、語呂合わせないし文字遊びにすぎないようなこの種の「こだわり」が、決して「たわいない」種類のこだわりではなかったことがうかがわれる。

家康は、その例外でなかったばかりか、むしろもっとも先端的な験かつぎの旗手であったらしいことが、以上の三点のみでも充分に推測できるように思う。さらに注目すべき点を追ってゆくことにする。

はるかに富士の峰

第四も、「江戸紀聞」に言う、として『御府内備考』が引用する江戸城に関する話である。

此城のかたち、まず子城あり、つぎに中城あり、外曲輪あり、ことごとく大石にてたたみ上《あげ》しかば、（中略）城上より下《くだ》し望めば、西の方は名にあふ武蔵野の広原眼下に見へ渡り、はるかに富士の峰あらはれたり。東にのぞめば、平川渺々《びょうびょう》として長堤遠くめぐり、村落あまたうちこして海辺をながめやれり。

つまり江戸城から富士山が見えることを特記している点に注目したいのであるが、このことは周知のように太田道灌の時代にさかのぼる話題である。

道灌に関するその周知の話題もやはり『御府内備考』が『関東兵乱記』に依拠して触れている。すなわち、

或時江戸の城地景よろしきよし主上［天皇］叡聞におよび、絵図をもて叡覧あるべしとのむね宣《せん》

下《げ》せらる。その時道灌一首の和歌を奉ず。我菴《わがいお》は　松原つゝき海ちかく　富士の高根（嶺）を軒《のき》端《ば》にそ見る。

と記す。

服部鉦二郎は、東京における富士見《ふじみ》坂と潮見《しおみ》坂の位置を図示（第1図）したうえで、次のように述べている。

東京の地形、その台地のひだをクローズアップさせるのが坂みちである。「富士見坂」はその代表格である。せいぜい20m程度の落差が描く、平坦な武蔵野台地には、江戸時代から、富士山の遠景は、風景としても、精神的心のささえとしても、江戸町の象徴とされ、大切にされてきた。とくに下る坂みちで望む富士山は天下一品で、江戸っ子の気風をとらえ、彼らの自慢の種とされていた。富士見坂界隈の景観を解きほぐしてみると、そこには道灌にはじまり、江戸・明治・大正・昭和と、江戸・東京の発達史や東京がもつ存在意義のようなものまでが背後に感じられる。[注7]

軒端から富士の高嶺を望見できる城の立地を誇った道灌と、江戸っ子の自慢を結ぶ中間項は、家康の江戸選定にほかならない。少し飛躍するようであるが、家康の江戸選定の「拠りどころ」は、富士山が望見できるというところにあったのではないか。仮説として提示してみたいと思う。

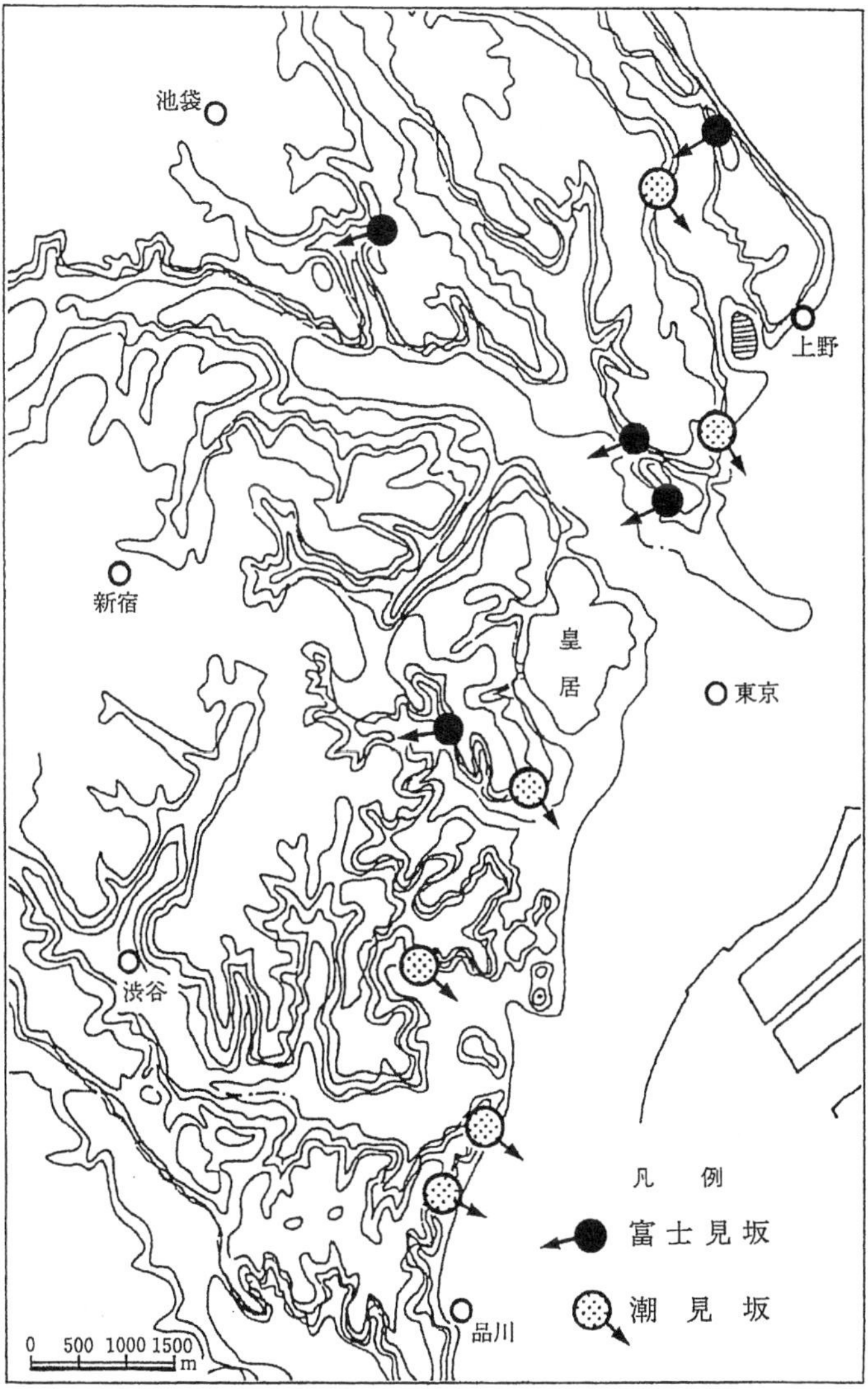

第１図　東京の地形と富士見坂、潮見坂（服部銈二郎による）

四　仮説の検証

江戸城内の富士見櫓

江戸城には富士見櫓《やぐら》がつくられた。「富士見櫓は本丸と西ノ丸の境、城のほぼ中央部の石垣上にある三重櫓であるが、天守閣が再建されなかった江戸城で、天守閣の代用として用いられた」[注8]という。富士見櫓の位置は、第2図の矢印の先で、本丸の南隅にあたる。本丸の殿舎が完成したのが慶長一一年（一六〇六）であるが、このときまでに富士見櫓もできていたと考えて大過ないであろう。家康の江戸在城中である。天守の創建は慶長一二年である。この年、家康は駿府に移る。そして明暦三年（一六五七）天守焼失。以後、富士見櫓が天守の代用でありつづけたということの中に、すでに亡い家康の富士に対する思い入れを汲みつづけた幕府の配慮が見えるように思うのは、筆者の思い過ごしであろうか。

このことには特にこだわらないが、家康が富士を望見できる地であるがゆえに江戸選定を決断ないし納得したとの仮説を立ててみると、家康は意外なほど富士山の見えるところと深くかかわって生涯を、いや生涯も死後も、過ごしたことに気づく。このことをしばらく追跡してみよう。

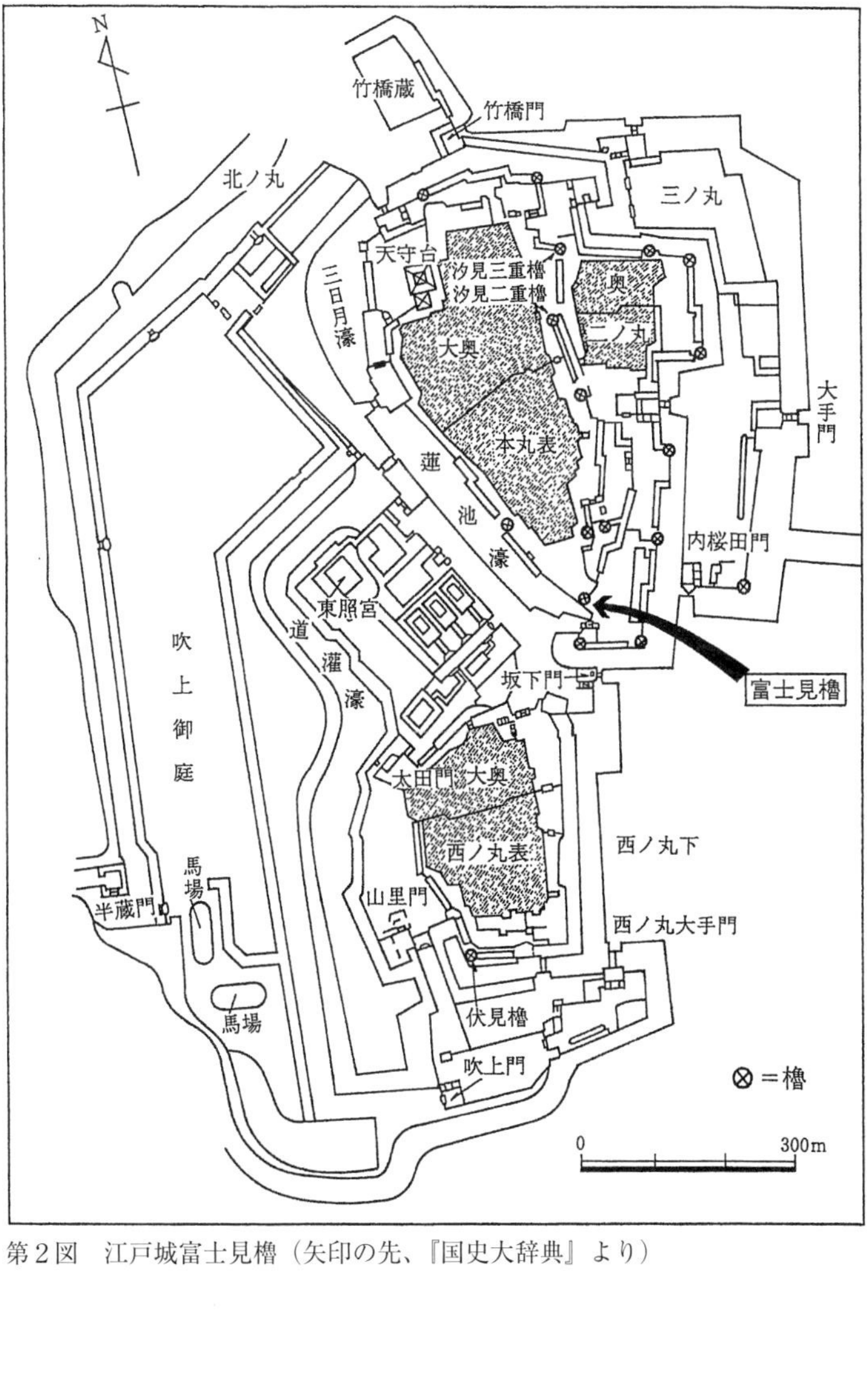

第２図　江戸城富士見櫓（矢印の先、『国史大辞典』より）

富士を望める駿府城

第一は、言うまでもなく駿府である。家康はまず天文一八年（一五四九）から永禄三年（一五六〇）までの一〇年あまりを、駿府で人質として暮すことを強いられる。数え年八歳から一九歳までの、もっとも多感な青春時代、彼は常に富士を望見できる駿府城で、先の見えない生活を強いられていたのである。次に家康が駿府城に在ったのは天正一四年（一五八六）から同一八年まで、四五歳から四九歳までの足かけ五年間で、三遠駿甲信を掌中に収め、東海の雄として君臨した期間である。そして最後は慶長一二年（一六〇七）から元和二年（一六一六）まで、六六歳から七五歳で没するまでの一〇年間を、大御所として駿府で日を送った。この大御所としての駿府への回帰は、いろいろな動機を想像させられる行動であるが、筆者には富士山への思い、あるいは、富士山がもっともよく見える旧地へのこだわりが縦糸として織り込まれているのを感じざるをえない。

遺体は久能山へ、小堂を日光へ

が、実はそればかりではない。彼は死後においてさえ富士山の見えるところを、安住の地として選定するのである。元和二年（一六一六）正月二一日、家康は鷹狩の最中ににわかに発病した。[注9]二カ月あまりのちの四月二日、家康は死後の処置を次のように命じた。

金地院崇伝《すうでん》、南光坊大僧正天海幷に本多上野介正純を、大御所御病床に召て、御大漸《ごたいぜん》[注10]の後は久能《くのう》山《ざん》に納め奉り、御法会は江戸増上寺にて行はれ、霊牌は三州大樹寺に置れ、御周忌経て後下野の国日光山へ小堂を営造して祭奠《さいてん》すべし。京都には南禅寺中金地院へ小堂をいとなみ、所司代はじめ武家の輩進拝せしむべしと命ぜらる。（『台徳院実紀』巻四二、「国師日記」「舜旧記」）

「国師日記」とは、金地院崇伝（本光国師）の日記で、上記の『台徳院実紀』所引の範囲内で簡約すれば、遺体は久能山に納め、一周忌が済んだら、別に日光と京都南禅寺に小堂を営んでそれぞれに祭れと言っているだけで、遺体を日光へ改葬せよと命じているわけではないことに注目したい。

日光改葬は家康の希望ではない

そして、このことは死の前日の四月一六日の記事でもうかがわれる。

大御所大漸の後、尊躰をば神式を以て久能山へ納めたてまつるべき旨命せらる。神龍院梵舜議《ぎ》定《じょう》する所なり。（中略）大御所御病床に榊原大内記照久を近くめし、久能山御廟地の事つばらに命ぜられ、汝幼童の時より常に心いれておこたらず近侍し、且魚菜の新物を献ずる事絶ず。我死すとも汝が祭奠をこゝろよくうけんとす。東国の諸大名は多く普代（譜第）の族なれば、心おかるゝ事もなし。西国鎮護のため神像を西に面して安置し、汝祭主たるべし。社僧四人を置て其役をとらしむべし。そのため祭田五千石を宛《あて》行《が》ふべしと面命あり。照久には別に采邑《さいゆう》を加て千石を賜ふ。酒井雅楽頭忠世、土井大炊頭利勝、安藤対馬守重信を以て、この御遺言を御所の御方へも仰進らせられ、照久を御懇に召つかはるべき御旨をもつたへしめらる。（『台徳院実紀』巻四二、「国師日記」「舜旧記」「坂上池院日記」「家譜」）

この「最後の遺言」と言うべき場面では、日光のことなどまったく語られていないし、久能山に祭るべしとした根拠が「西国鎮護のため」と明示されているのであるから、一年後に遺体を日光へ遷祭するなどという矛盾したストーリーは成立しえないことがわかるのである。家康は、このことを言い残して、翌一七日「駿城の正寝《せいしん》に薨じ」る。遺命によって、遺体はその夜中に久能山に移された。

ところが、それにもかかわらず、実際には、翌元和三年三月、日光への遺体改葬が実現する。

十一日、久能山の神柩《しんきゅう》を下野国日光にうつしまいらせらるゝにより、土井大炊頭利勝は江戸より駿州に赴く。（「国師日記」）

十五日、かねては三年が間、久能山に神霊を安置し、宰相頼宣卿の祭祀を受給ひ、その後日光山に御垂跡《すいじゃく》あるべしとの御あらましなりしかど、三年を待せらるべきにあらずと思召旨有て、頼宣卿へ議せられ、日光山神廟《しんびょう》経営をいそがせ給ひしかばこの程はや成功せしにより、けふ神柩を発行せらるべきに定まる。大僧正天海は先達て登山し、其他山門の碩学、東関の僧綱凡僧悉くまいりあつまる。（中略）すべて大織冠鎌足公和州多武峰に改葬の先蹤《せんしょう》によることとて、大僧正天海みづから鋤鍬《すきくわ》とりて其事を行ふ。（中略）今夜の御泊は富士山の麓《ふもと》善徳寺なり。ここにて初夜の御法事布施（後略）。（『台徳院実紀』巻四五、「創業記」「東武実録」ほか）

西国鎮護のため久能山に納めよとした家康の遺言に反するばかりでなく、三年間は久能山に置けという話であったとか、それを強引に一年に短縮した理由付けとか、藤原鎌足改葬の故事にこと寄せようとする話とかは、いずれもいささかうさんくさい。

そのあたりをめぐって、北島正元が、次のように日光改葬の遺言は天海の捏造として論断しているのは、興味深い。

家康は元和二年（一六一六）四月一七日、七五歳をもって逝去した。遺言によってその夜ただちに遺骸を久能山にうつし、梵舜が吉田流の唯一《ゆいいつ》神道の方式によってそれを新設の墓地にほうむった。ところが墓地の土もまだかわかない二二日、久能山に参拝した秀忠のまえで、天海は「御遺言は山王一実《さんのういちじつ》神道によって権現《ごんげん》としてまつれとのことであったのに、式は吉田流の唯一神道でおこなわれたのは御遺言にそむくものだ」として崇伝にくってかかった。そして翌三年四月ついに強引に日光山に改葬することに成功した。日光山改葬の遺言は天海の捏造であるというのが真相のようであり、神道内部の勢力争いがはしなくも表面化したのである。（『徳川家康』）

久能山から富士山が見える

かくして、家康は日光ではなく、死後永く久能山にとどまることを本意としたと解してよいことが、ほとんど確実になった。そのうえでの筆者の大きな関心は、家康が永く眠るべき地であった久能山頂から富士山が望見できるか、ということにある。

もちろん、聖廟の中に足を踏み入れることはできないから、平成五年春、久能山に参拝して神官に事実関係を尋ねたところ、久能山頂からは富士山頂が確実に見えるという回答を得た。北に隣り合う

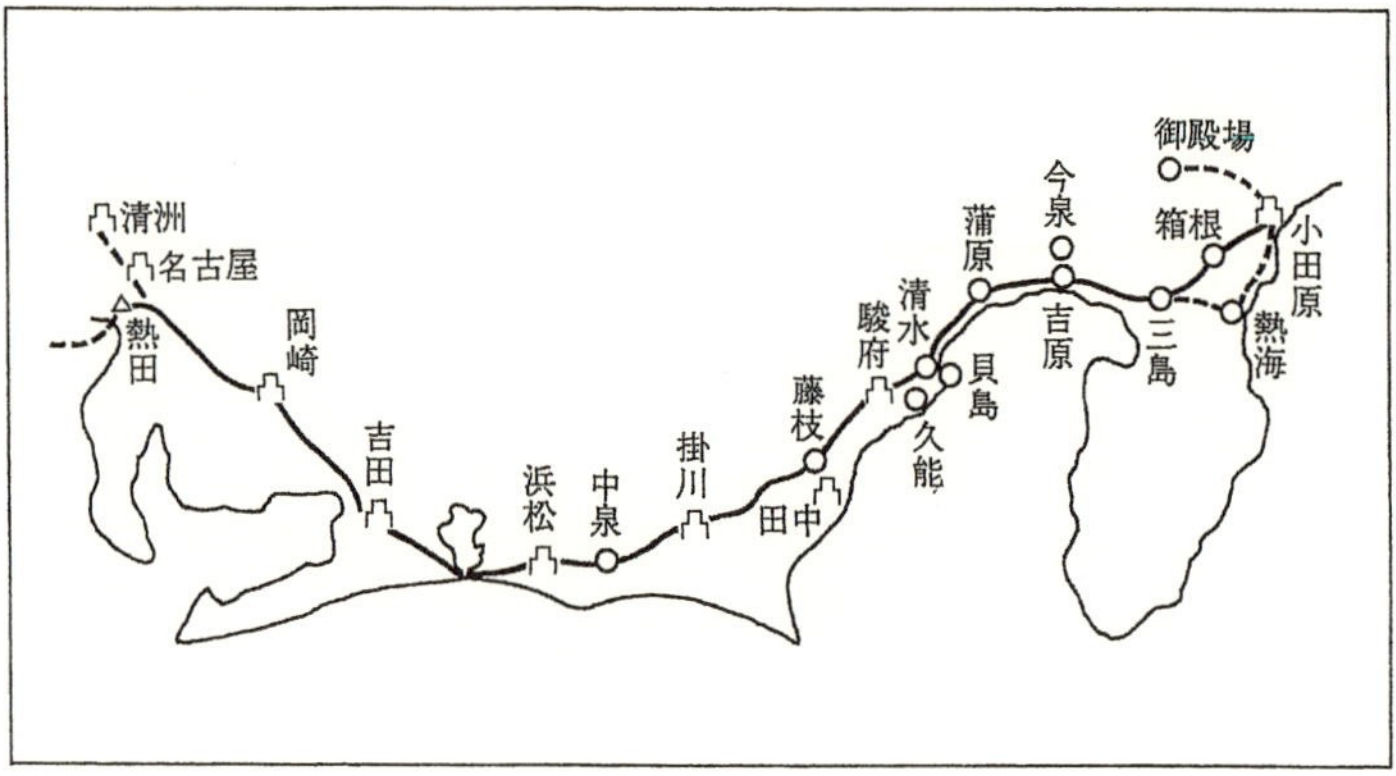

第３図　東海道の御殿分布（○が御殿、中島義一による）

有度山《うどさん》が視界をさえぎらないか気になるところであるが、その山に富士山が望見できる位置関係であるという証言を得た。もちろん樹叢《じゅそう》にさえぎられるかどうかというレベルの話ではなく、位置関係の問題である。要するに、家康は富士の見える位置に墓所を選定したのである。

御殿場の謎

富士山に注目すると、もう一つの注目すべき事実がある。それは今日の御殿場市における御殿造営の事実である。御殿というのは、徳川将軍専用の旅宿、宿館であって、それゆえに原則として主要街道沿いに営まれた。第3図は、小田原以西尾張までの御殿分布である。しかしこの図を見ると、東海道を離れた位置に設けられた御殿が若干認められる。そのうち、熱海は温泉場であるという理由で不思議はない。異例の最たるものが、御殿場のケースである。ここの御殿は、「家康の意を受け、代官長野清定が土豪芹沢将監に命じて元和二年（一六一六）に造営させたものである」という。[注11]元和二年とは家康が四月に没した年であった。したがって、「家康の病死で使わずに終わったが、東海道よりはずれたこの地に御殿建設を命じた家康の意図が何であったか、検討に価するることである」と、御殿の研究を続ける中島義一も指摘している。[注12]

隠居所建設計画

筆者は、この御殿場における御殿建設の経過等を示した文書類の検討を充分には行なっていないので、当面は仮の考えにとどまるが、あえて言えばこの作事《さくじ》は、家康の隠居所建設計画と、何らかの関係があるのではないかと思われる。隠居所の計画とは、三島近郊の泉頭に「菟裘《ときゅう》」を建設する計画で、前年の元和元年（一六一五）末から、家康が倒れる直前の同二年正月までの間に計画されて、しかし結局とりやめとなったものである。

菟裘とは、魯《ろ》の隠公の隠居した土地の名から出て、後世隠居の義、隠居所の義になったものであるが、家康は最晩年、三島周辺に熱心に菟裘を求めるのである。その経過を『台徳院実紀』巻四〇で追跡すると、以下のようになる。

○元和元年（一六一五）一一月二九日

大御所は三島邊《あたり》に菟裘を営せ給ふべしと仰出さる。是も来年は駿府の城を、宰相頼宣にゆづらせ給ふべき御あらましとぞ聞えける。（「元寛日記」「駿府記」「国師日記」）

○同年一二月四日～一六日

四日、大御所江城を御発輿《はつよ》ありて、（中略。稲毛、中原、小田原経由）十四日、三島につかせ給ふ。明日吉辰菟裘の地を治定《ちじよう》せらる。（中略）十五日、大御所は三島をいで給ひ瀬子善徳寺につかせ給ふ。三島のほとり泉頭と云は、山水佳麗の勝地なれば、ここに菟裘をいとなませ給ふべし。経営は明春より始めらるべしと令せらる。（「駿府記」「国師日記」「元和年録」）十六日、大御所善徳寺より駿府へ帰らせ給ふ。

○同年同月一九日

江戸より土井大炊頭利勝御使して、泉頭御隠殿御治定を賀せられ、其構造は御所よりなし進《まい》らせ給ふべしと仰進らせらる。此夜追儺《ついな》の式行はる。（「駿府記」「元和日記」）

しかし、この計画は、年が明けた元和二年正月に、次のような理由で中止される。

十一日伊豆国泉頭の地に、大御所菟裘を御経営あらんため、十五日駿府を出《いで》まさんの御あらましなりしが、泉頭は地景もしかるべからずとて、此儀停廃あるよし仰まいらせらる。（『台徳院実紀』巻四一）

いまその理由などをめぐって考察を加える準備はないが、ことによると御殿場の御殿はこれに代わるものとして構想されたかもしれないのである。

御殿場は家康最後の隠居所

このことは問題として抱きつづけたいが、それはともかく、造営された御殿場の御殿もまた、菟裘の一つとして位置付けられねばならないものであることは、街道からはずれる異例であることと、家康が最晩年に駿府を頼宣に譲るべく、最後の隠居所を求めていたタイミングに照らして、疑いないことと思う。

その御殿場の御殿の位置からの富士山の眺望が、まことにみごとなものであることは周知のことである。「ここの御殿については中野国雄の研究があって御殿場高校をふくむ一帯を想定し、御殿場市史もこれに従っている。周囲の土塁も残り、「御馬屋」、「御殿前」、「御殿後」等の小字《こあざ》名があったとのことであり、当然従うべきであろう」とする中島義一の記述は従うべきものであろう。御殿場は富士の眺めが絶佳のところ――このわかりきった事実は、しかし大きな意味がある。

駿府直前の宿、今泉

家康の行動にからむ、もう一カ所の注目地点をあげておこう。それは今泉である。第3図に示されているように、ここも直接東海道に沿う位置ではない。しかし、先の三島のほとりに菟裘を求めた際の記事の中で、「大御所善徳寺より駿府へ帰らせ給ふ」と記された善徳寺［注13］が、すなわち今泉御殿の地であって、そこは江戸―駿府を結ぶ家康の移動の際に、駿府直前の宿館として特記されるところであったことがわかる。

そしてここは、富士山を南正面から、しかもそのもっとも雄大・華麗な姿のものとして仰ぎ見ることができた地点にほかならない。そして、おそらくそれゆえに、元和三年（一六一七）、久能山を出

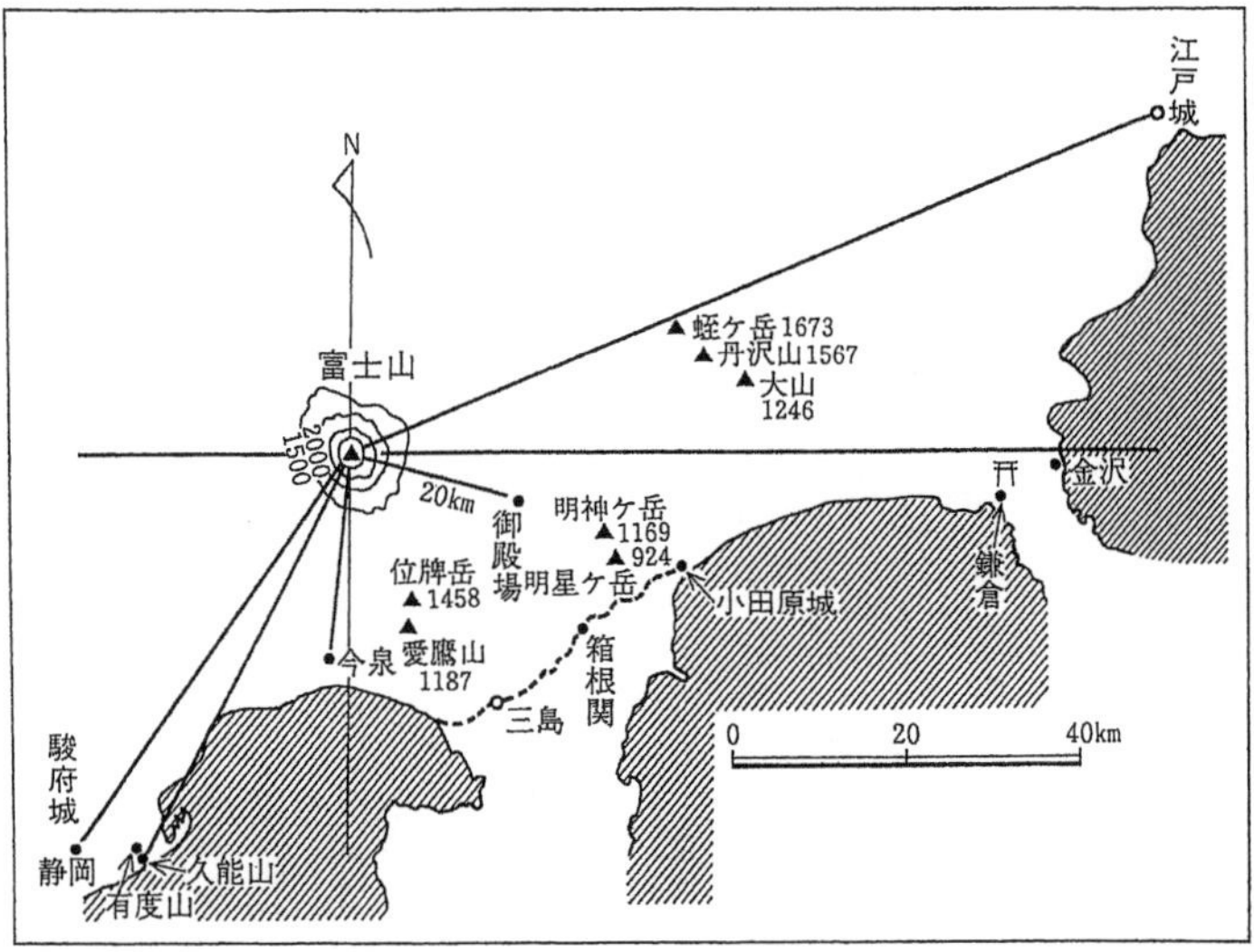

第４図　家康ゆかりの地点と富士山

発して日光に向かう家康の柩が最初の夜を過ごす地として選ばれた。

「今夜の御泊は富士山の麓善徳寺なり。ここにて初夜の御法事布施」という、前引『台徳院実紀』の文章の中に、生前、富士山に対して強い「こだわり」をもちつづけた主君の意識に対する家臣たちの配慮が垣間《かいま》見えると読むのは、読みすぎになるであろうか。

以上、筆者は、駿府、久能山、御殿場、今泉と、家康が生前、死後を通じて富士山が見える場所と深くかかわっていた事実を指摘した（第４図）。

江戸もまた然りであるが、しかも江戸は、道灌以来の「富士山が見える土地」として知られた「伝統」がかぶさっていた。小田原や鎌倉が家康の選択肢の中になかったろうと思うのは、そこからは富士が見えないことに大きな理由があると考えるからである。要するに、家康の江戸選地決断の「哲学」、哲学と言って悪ければ「決断の拠りどころ」は、そこが富士山の見えるところであったこと、しかもその事実が歴史的な評価をもって伝えられていたということに求めるべきであろう。

五　結　論—富士山を超えるキーワード

「富士山が見えるところだから江戸を選んだ」あるいは「江戸に城を決めよという秀吉の強制を受け入れて自身を納得させたのは、そこが富士の見えるところであったからだ」というのが結論となる。

人質として青春時代を過ごした駿府城からは、富士が美しく見える。人質暮しにはそれが心の支えになっていたであろう。その苦難の青春の日々へのノスタルジアが、以後の彼の選地の規準となったというふうな説明を付け加えてもよい。しかし、説得力は弱い。要するに、江戸から富士山が見え、それが道灌以来の江戸の地の伝統として知られていたとしても、それらはそれだけでは武将の城地選定理由としては弱い。

「富士見」は「不死身」

いま一つの理由を付け加えたい。それは、富士が見えること、ないし富士を仰ぎ見ることすなわち

「富士見」を、「不死身」と置き換えることである。これは明らかに言葉の「遊び」に類するが、しかし戦国武将にとってそれは決して児戯《じぎ》ではなかった。戦国の世は倒すか倒されるかの世界である。敗れることは死を意味し、死なないかぎり敗けはない。不死身は武将の憧憬であったはずである。

しかも家康は、言葉にこだわる人であった。八朔、すなわち「たのむ」の祝日に江戸入りをした。大久保主水を「もんと」と読み替えた。富士見を「不死身」と読み替えるくらいの着想は、当然家康は考えついただろう。

「百万石の領地さえあれば」どこに転封してもかまわぬと豪語した彼である。江戸の地形条件を堅固な城塞につくり替える財力に事欠かぬ、当時最高の実力者の一人であった彼にとって、問題は自身を納得させる「説明」だけであった。

とすれば「不死身」の地であるという説明は、最高の説明であろう。軒端から富士が見えることをもって誇りとした道灌の故地を「不死身」の地と置き換えたとき、家康の選地は決定し、迷いが消えたに違いない。江戸城富士見櫓は「不死身櫓」であったろう。最後の隠居所として御殿場を考えたとしたら、それもまた「富士見＝不死身」を意識したせいだろう。久能山頂から富士が見えることも、彼の知識の中にあったのであろう。その知識によって、彼は死してなお「不死身」である地を選んで墓所とし、不死身であるがゆえに自身の神像が西国大名の押さえになると解釈した。

ここで筆者は、江戸の庶民が富士山と海がともに見える土地柄を自慢にしていたという話を思い出す。富士見坂と潮見坂の分布に江戸の特色があるとした服部銈二郎の図を思い出す。江戸の庶民の「自慢」は、ことによると別な語呂合わせに依拠する家康の自慢だったのではないか。潮見と富士見、つまり「死を見」て、しかしなお「不死身」という語呂合わせではなかったか。

「富士見」を「不死身」に置き換えたとする筆者の発想は、むろん史料的裏付けをもたない。しかし家康の土地選定に共通するものが「富士が見える」という一点であったとすれば、その美しく力強い景観に「不死身」の連想を加えることをも、家康は好んだためではなかろうか。

ちなみに、思えば伏見も「不死身」と通音である。秀吉が最後に伏見に城地を求めた理由の一端が、地名そのものの中にもあったのかもしれない。

注

［1］『東照宮実紀』巻四、天正一八年条。引用に際しては、家康を表わす「駿河亜相」、「君」の文字の字頭に二字分をあけ、また、徳川家を表わす「当家」の文字の字頭に一字分をあけて表敬してある箇所をつめた。旧漢字も今日使用されている略字に改めた。

［2］北島正元『徳川家康』、中公新書、昭和三八年。あえてこのように中公新書のような啓蒙書に依拠したのは、この際はむしろ今日の通説的な認識がどのようなものかを確認することが必要と判断するからである。

［3］小和田哲男「新・図説家康実紀」、別冊歴史読本『徳川家康』、昭和五三年冬。この場合も、あえて

一般雑誌に依拠した理由は、右の注［2］のところで述べた私見のとおりである。

［4］『御府内備考』（化政期に幕府が蒐集した史料）巻之二、所引。『聞見集』の著作年次は、正西八六〜八七歳の万治二年（一六五九）〜三年であった。

［5］松井松平家の藩主であるが、家康の子という説もある人物。

［6］吉川弘文館『国史大辞典』、「岩渕夜話」の項（北島正元執筆）。

［7］服部鉒二郎『都市　人類最高の傑作』、平成五年、古今書院。

［8］吉川弘文館『国史大辞典』、「江戸城」の項（村井益男執筆）。

［9］『台徳院実紀』巻四一。「大御所田中へ放鷹し給ふ。（中略）しかるに俄に御心地例ならずなやみ給へばとて、医官片山與安宗哲御薬を奉る」。

［10］御大漸＝病がおおいに進むこと。病革《あらた》まること。天子の場合に用いる語という。

［11］中島義一「御殿の歴史地理――静岡県域の事例」、細井淳志郎先生退官記念論文集『地域をめぐる自然と人間との接点』、昭和六〇年。

［12］注［11］に同じ。

［13］善徳寺＝今川氏保護下に栄えた臨済宗善得寺の跡であるため、この地名が付いた。

あとがきに代えて

足利亮太郎

地図は、地表面の諸事象を投影した平面図である。すなわち地図とは、諸事情により構成された地表の様子（景観）を「知る」ための媒体であるといえる。一般的な地図の利用は知覚レベルに留まることが多いのに対して、歴史地理学は、過去の景観を、地図を用いて復元し、そのような景観を構築した人びとの地表経営の意図を解明するところに本質があると聞いている。作成時点の景観やそれ以前の景観の残片が姿を留めている地図を、文献史学や考古学ではアプローチしえない歴史の一側面を明らかにするための「固有の資料」として、父はことさら重視していた。

父はしばしば歴史を「読む」あるいは「解く」という表現を意識的に用いてきた。その根底には、地図に描かれた景観は、当時を生きた人びとによって必然的に構築されたものという思想があった。歴史史料や考古学の成果なども有効に活用しながら、地図を読む経験とそれに裏打ちされた直感を交えた歴史の大胆な解釈は、父の得意とするところであった。そうした研究手法によって、既往研究では説明されなかった謎を解くことができると自負していたように思う。論理の整合性にも充分配慮した父の歴史解釈法は、「パズルを解くようだ」、「推理小説みたい」など、その楽しさ・明快さに多くの支持を得ることができたが、同時に、批判を頂戴することもしばしばであった。もっとも、論争こそ学問の発展には不可欠だと確信していた父にとって、それは歓迎すべき状況であったといえよう。父は勤務先の大学においても特に大教室での一般教養科目の講義を好んだが、それは私には、狭い学問領域内で議論を完結させるのではなく、さまざまな分野を巻き込んだ論争へ発展することの重要性を説いていた姿と重なって映る。そしてその延長線上に位置づけられるのが、研究成果の一般への公表ということである。一九九七年七月から九月までの『NHK人間大学』への出演は、父のそうした意識が一つの形となって顕れたものといえよう。そして、今回の本書の刊行もまた然りである。

創元社から本書刊行のお話を頂いたのは、実は一九九一年一二月であったと聞いている。ただ当初より本人も懸念していたように、すでに他に二冊の単行本の仕事を抱えていたほか、大学での激務が続いたために、原稿の完成は随分と遅れた。そのような状況のなかで、父が最初に体調を崩したのは、一九九八年春の日本地理学会においてであった。学会二日目を待たずに急遽戻ってくると、その足で近隣の大学病院に向かい、尿管結石との診断を受けた。受診結果に安堵しつつも不安げな様子であったことが印象に残る帰途は、すでに深夜三時をまわっていた。半年後に再び体調を悪化させた父は、一九九九年八月に不帰の人となった。

本書は旧稿のいくつかをベースとして構成されている。「信長編」は、「第一章　濃尾の覇者となる」が書き下ろしであるほか、本人により全面的に加筆修正がほどこされた。「秀吉編」について父は、「聚楽第の広がりについて異論が出ているので、これをきちんと論評したい」という希望を持っていたが、残念ながらそれは実現をみなかった。「第五章　伏見城と城下町成立の意味」とそれに続く「家康編」に関しては、とりわけ訂正の必要を感じていなかったようであるが、入院時のベッドの上では校正さえままならなかった。

以上のように、著者の意図が一〇〇%満たされたわけではないが、ほぼ完成しているという判断のもと、刊行に踏み切られることとなった。それに際して、初出の諸論文の版元各位には、快く転載のご承認をいただいた。この場を借りて厚く御礼を申し上げる。また、京都大学大学院（文学研究科）の金田章裕教授には、ご多忙の中、専門家の立場で原稿に目を通していただきアドバイスを頂戴した。ここにあらためて御礼を申し上げたい。また創元社編集部の猪口教行氏には、これまで発表してきた学術論文をこのような形でまとめることをご提案いただいて以来、多大なお力添えを賜ってきたと承知している。細かな図版を多数必要とする本書の性格からいっても、猪口氏のご尽力がなければ、今回の出版には至ることがなかった。記して、深謝の念を表したい。

二〇〇〇年五月

初出一覧

第一章　濃尾の覇者となる
書き下ろし

第二章　信長はなぜ安土を選んだか
『近世以前日本都市の形態・構造とその変容に関する歴史地理学的研究』（一九九二年）所収「安土—織田信長の経営を地理学の手法で探る」

第三章　光秀、謀反の道
村井康彦編『京都・大枝の歴史と文化』（一九九一年、思文閣出版）所収「老ノ坂と古道」に修正加筆

第四章　聚楽第とお土居
足利健亮著『中近世都市の歴史地理』（一九八四年、地人書房）所収「聚楽第城下町と二条城城下町の差異」
中山修一先生喜寿記念事業会編『長岡京古文化論叢Ⅱ』（一九九二年、三星出版）所収「聚楽第内城について」
『アジアにおける都市の形態と構造に関する歴史地理学的研究』（一九九〇年）所収「聚楽第城下町囲郭＝御土居の平面プラン考」

第五章　伏見城と城下町成立の意味
足利健亮著『中近世都市の歴史地理』（一九八四年、地人書房）所収「伏見城と城下町成立の意味」
第六章　徳川家康が江戸を選んだ理由
『計画都市の立地決定に至る意志及び経過の歴史地理学的再検討』（一九九四年）所収「徳川家康の江戸選地理由考」

『地理から見た信長・秀吉・家康の戦略』を読む

金田章裕

本書は、戦国末期から江戸初期にかけての天下人三人の戦略、特にその領域支配の拠点構想、そのための地域政策の軌跡を、見事に解き明かした書物である。織田信長の支配拠点を象徴する岐阜と安土、豊臣秀吉の拠点となる都市計画と地域計画を代表する京都と伏見、そして徳川家康の幕府の所在地である江戸をめぐる疑問などが主要課題である。

著者の足利健亮先生の論証は、常に現地の実際の地域のあり方とその地形の形状に立脚したものであり、現地の状況を表現する地図の上で展開される。地図は地形を示すのみならず地域のさまざまな景観を表現し、その中にかつての政策と土地計画の跡をとどめているのである。本書を一読すると、天下人の領域支配拠点の状況や地域政策は、この方法でこそ解き明かされることの多いことが知られる。それこそが「地理から見た」と題された本書の真骨頂であろう。

本書は足利先生のいわゆる遺著である。とはいえ、まだ京都大学教授の現職であられた六三歳という御歳にも関わらず、理不尽にも病魔に侵されつつ、その最後の病床でも本書の推敲を続けられていた。その意味でも極めて完成度の高い、足利先生の意図を十分に表現した著作である。

筆者が「解説」の執筆を依頼されることになったのは、足利先生と同じ京都大学文学部地理学教室出身の後輩であり、かつて先生が在職された京都大学教養部（現在の人間環境学研究科）助手や追手門学院大学文学部講師としての職に就いたことをはじめ、やがて学部は異なるとはいえ、奇しくも同じく京都大学の文学部に奉職することとなった故であろう。

しかもこの間、学術論文の共著者として同じ対象の研究に従事したこともあり、さらに足利先生編のアトラスや辞典の分担執筆を承ったこともある。またいくつかの自治体の市史類にも、ある時は共著者として、ある時は同じ巻の執筆者として参加した。一度は、共編者として参画したこともあった。さまざまな折に、足利先生は最も尊敬する先達であり、学問の師でもあった。これだけ身近でお仕事を拝見し、また薫陶をうけておりながら、学問上の弟子としては、依然として内心忸怩たるものはある。ただ、先生のお仕事のそれぞれの発想の原点やその完成順については、いつも近くにいただけにいくつかのはっきりとした印象がある。

さて本書で示されているように、信長の拠点の岐阜から安土への移動は、尾張平定と金華山選定（第一章）後の、濃尾平野の拠点金華山から、畿内をにらむ安土山への進出（第二章）である。明智光秀謀反（第三章）の行軍もまた地図上で辿られ、追跡される。

やがて秀吉が天下人となって、京都に拠点を置き、京都の都市改造と聚楽第の建設（第四章）を行い、ついで伏見城の建設と宇治川の付け替え（第五章）を実施した。いずれも首都とその地域の構造に関わる大規模な地域政策であった。

家康の江戸移封（第六章）は秀吉の事跡と相前後するが、天下人たる順番はもちろん、これら事蹟の発生の時代順はほぼこの通りである。ただし、先生の御成稿、あるいは御成案の成立した順番はまったく異なる。

明らかに最も早かったのは宇治川の付け替えに関わる論考であり、一九七〇年代の初めころであった。当時大学院生であった筆者は、共通の師であった藤岡謙二郎・林屋辰三郎両先生が共同責任編集者であった『宇治市史』編さん事業の資料の収集整理と編集補助作業のために、嘱託として週一、二回宇治市役所へ通っていた。従って、同市史の各執筆者の原稿を誰よりも早く読み、疑問があれば編集会議でそれを指摘し、また割り付け等をしたうえで、刊行のために印刷に回すことが業務の一部であった。その第二巻（一九七四年刊）に足利先生が執筆された文章と図版が本書第五章の基礎となっている。第18図（一五一頁）や第24図（一七八頁）の原型となった図の持つ、卓抜した説明力の鮮烈な印象は今でも脳裏を離れない。宇治川の河道変更が、何よりも伏見を地域の水陸交通の中心拠点とするためであったことを喝破した当時の論旨は本書にも生きている。

この時すでに、「町通り」と「筋」をめぐる考察が含まれていた。伏見城の大手門に向かう道が

「大手筋」であり、これと直行する大和街道が市街のメインストリートの方向である「町通り」となっていることの指摘である。とりわけ、それを現地や地図上で確認することができるというのは、特に当時の若い学生や研究者にとって魅力的であった。旧城下町の市街中心部における町の軸となっている街路や、旧家の有力商店の屋敷や建物の正面の方向（店の正面）が向いているところが町通りである、とする議論は、我々の目をいろいろな街かどでの観察に向けることとなった。足利先生の議論は、同じ秀吉の土地計画による長浜や大阪にもおよんでいる。大阪のメインストリートの現在の方向は、北と南の鉄道ターミナルを結ぶ御堂筋などの南北方向であるが、城下町時代には、本町通りなどの東西方向が大阪城に向かう町通りの方向であった。このことを、とりわけ当時、改めて現地の具体的事象によって確認できたことは驚嘆であった。まさしく近代の都市構造の転換に伴う、筋と町通りの機能の転換の例であった。

つまり町通りと筋の位置と方向に関わる議論は、城下町の都市構造論であったのである。伏見城下町の構造は、城の大手に向かう道が「筋」（横町）であり、これと直交する町通りが別にあるから「ヨコ町」だ、という定義であった。秀吉が「ヨコ町」型城下町を創出したという理解であった。これに対して、城下町研究の第一人者であった矢守一彦先生（『城下町のかたち』筑摩書房、一九八八年など）は、城下町は本来「竪町」であるとし、その用語の固定性、ないし理解に疑問を呈されたのである。この「タテ町」「ヨコ町」の論争は形態認識と都市構造の議論に結びつくものであり、若い研究者の耳目を集めた。

筆者の記憶では、次に発想が固まったのは安土の立地論であったと思われる。第4図（二九頁）の原型をテーブルに広げて説明していただいたのは、確か、何かの会議が終わった後だったと思う。この発想には先生は相当の自信をお持ちだったようで、坂本から京都への山中越が説明のために加えられていることを除けば、すでにまったく第4図と同様であった。このお考えをお聞きした時、『愛知県開拓史』（一九八〇年刊）の古代中世の執筆をしていた筆者はすでに『信長公記』にも関心があり、信長の尾張や近江における事績に一定の興味があった。したがって筆者自身が、先生の斬新な視角に大変驚いたことを記憶している。

このころ先生は、近江八幡の鶴翼山の鶴が羽を広げたようだと表現される形状にも、強い関心をお持ちであった。鶴翼山の写真や地図から作製したシルエットの原稿を何枚もお見せいただいた。おそらくやがて、同じように江戸から見た富士山にも関心をお持ちになったのであろう。少なくともそのような思考の在り方が、家康の江戸を巡る疑問とその解明のための考察に結びついているように思える。ただし、「富士見」が「不死身」に通じるのではないかという発想を足利先生からお聞きしたのは、ずいぶん後年のことであった。やはり何かの会議の後であったと思うが、どこかでグラスを傾けながらの話であった。

光秀謀反の文章は筆者も同時に執筆者であった『京都・大枝の歴史と文化』に初出したので、一九九〇年ころに概要をお聞きした。

そのあと秀吉によって建設され、ほどなく破却された聚楽第は、京都における秀吉の他の事績とともに多くの研究者の関心の的であった。足利先生は京都の前身の平安京に早くから関心を持って研究され、すでに平安京の都市計画や街路の在り方などについて、いくつもの画期的な論文をご発表であった。市街に土塁をめぐらした御土居の形状についても、すでに宇治川の付け替えを巡る一連の御研究の前後にしばしば先生の話題に上った。

しかし、聚楽第そのものとそれを巡る御土居の形状についての足利説が明確な形をとるのは、おそらく先生が『史料京都の歴史』の区域編の各区概説の「自然と景観」をご担当されたころであったと思われる。一九八〇年代中ごろ以後のことである。区域編だけで一一巻にもなる（山科区編だけは長期海外出張中の足利先生に代わり筆者が担当）各区の概説において、きわめて強く区域の形状に関心を寄せられつつ御執筆されていたのである。しかも考古学の発掘調査が進行中の聚楽第については、その後も成稿までずっとその調査結果に関心を寄せられていた。

足利先生のご発想がはっきりとした形をとるようになった時期は、このように天下人の出現順ひいては本書の構成順とは異なる。しかし、いずれも足利先生によって初めて可能となる、魅力的な記述となっている。

日ごろから文体を非常に重要視された先生は、それが論証のレベルにも、読者への説明にも不可欠であることをよくご承知であったものであろう。そのために推敲には、十分な時間をかけておられたと思う。学術論文でも市町村史の記述でも、先生の文章とすぐにわかるほど練られたものであったと思う。研究にはもちろん、十分な文章の推敲にも、先生の真摯な姿勢が映し出されているともいえよう。その成果に直接に触れることのできる読者は、筆者を含めて大変豊かな時間を楽しむことができる幸運に浴するともいえよう。

（京都大学名誉教授）

本書の原本は、二〇〇〇年に創元社より刊行されました。

著者略歴
一九三六年　北海道に生まれる
一九六一年　京都大学大学院文学研究科修士課程修了
京都大学教授
人文地理学会会長、条里制・古代都市研究会会長、日本地理学会評議員、歴史地理学会評議員等を歴任
一九九九年　没

〔主要著書〕
『中近世都市の歴史地理』（地人書房、一九八四年）、『日本古代地理研究』（大明堂、一九八五年）、『京都歴史アトラス』（中央公論社、一九九四年）、『景観から歴史を読む』（日本放送出版協会、一九九八年。のち『地図から読む歴史』と改題、講談社学術文庫、二〇一二年）

読みなおす日本史

地理から見た信長・秀吉・家康の戦略

二〇一六年（平成二十八）一月一日　第一刷発行

著　者　足《あし》利《かが》健《けん》亮《りょう》
発行者　吉川道郎
発行所　株式会社 吉川弘文館
郵便番号一一三―〇〇三三
東京都文京区本郷七丁目二番八号
電話〇三―三八一三―九一五一〈代表〉
振替口座〇〇一〇〇―五―二四四
http://www.yoshikawa-k.co.jp/
組版＝株式会社キャップス
印刷＝藤原印刷株式会社
製本＝ナショナル製本協同組合
装幀＝清水良洋・渡邉雄哉

ISBN978-4-642-06596-2

読みなおす日本史

刊行のことば

現代社会では、膨大な数の新刊図書が日々書店に並んでいます。昨今の電子書籍を含めますと、一人の読者が書名すら目にすることができないほどとなっています。ましてや、数年以前に刊行された本は書店の店頭に並ぶことも少なく、良書でありながらめぐり会うことのできない例は、日常的なことになっています。

人文書、とりわけ小社が専門とする歴史書におきましても、広く学界共通の財産として参照されるべきものとなっているにもかかわらず、その多くが現在では市場に出回らず入手、講読に時間と手間がかかるようになってしまっています。歴史の面白さを伝える図書を、読者の手元に届けることができないことは、歴史書出版の一翼を担う小社としても遺憾とするところです。

そこで、良書の発掘を通して、読者と図書をめぐる豊かな関係に寄与すべく、シリーズ「読みなおす日本史」を刊行いたします。本シリーズは、既刊の日本史関係書のなかから、研究の進展に今も寄与し続けているとともに、現在も広く読者に訴える力を有している良書を精選し順次定期的に刊行するものです。これらの知の文化遺産が、ゆるぎない視点からことの本質を説き続ける、確かな水先案内として迎えられることを切に願ってやみません。

二〇一二年四月

吉川弘文館